조선의
밥상머리
교육

500년 조선의 역사를 만든 위대한 교육

조선의 밥상머리 교육

김미라 지음

보아스
BOAZ

머리말

학생들을 가르치는 교육자로서 또 한 아이의 엄마로서 미래를 짊어질 우리 아이들에게 행복지수를 높여주기 위한 교육 방법을 찾고자 하는 열망을 안고 몇 년간 전국에 있는 종가를 찾아다니며 자녀교육을 연구한 적이 있다. 그들의 교육철학을 한마디로 표현하자면 이렇다.

'자식은 부모 등을 보고 배운다.'

그들은 집안의 가풍을 자연스럽게 몸에 익힐 수 있도록 어른이 먼저 모범을 보이고 항상 책을 가까이 하도록 가르친다. 집안 어른들은 품위 있는 행동거지와 말에 책임을 지는 모습을 몸소 실천하며 모범을 보여 그 자녀들은 어른의 등만 보고도 자연스레 교육이 이루어진다. 또한 종가에서는 지식의 습득보다는 인성공부를 우선시하고 글자공부보다 먼저 예절을 가르치면서 품위 있는 사람으로 기르는 데 주력한다. 그 결과 그들은 수백 년 역사를 이어가고 있다.

이는 조선시대 우리나라 선비정신과 맞닿아 있다.

선비정신의 가치관은 물질이 아니라 '정신'에 있다. 그래서 이웃을 배려하고 가문의 명예를 소중히 여기며 사람답게 사는 삶을 최고의 가치로 여겼다.

우리 선조들은 군자의 나라 '동방예의지국'이라 불리며 예의 바른 나라로 칭송받았는데, 가정과 학교에서 이루어졌던 이러한 교육이 그 밑바탕이 되었음을 알 수 있다.

그런데 현재 우리나라의 현실은 어떠한가?

아동학대, 가정폭력, 왕따, 학교폭력, 교사폭행, 여성혐오, 자살, 갑질 등이 하루가 멀다 하고 뉴스를 장식한다. 그야말로 '동방무례지국'이 되고 말았다.

더욱이 심각한 것은 사람을 칼로 찔러 죽이고, 상대를 괴롭혀 자살로 몰아넣은 가해자 청소년들이나 청년들에게서 일말의 죄책감이나 반성을 느낄 수 없다는 점이다.

과연 어디서부터 잘못되고 또 어떻게 해결해나가야 하는 것일까?

우리나라는 6·25 전쟁의 잿더미에서 단기간에 '한강의 기적'이라 불리며 눈부신 경제 성장을 이루었다. 그 과정에서 물질적 성공과 경쟁에서 이기는 것만을 강조한 채 본래 우리 민족이 간직해온 정신적 가치는 사라져버리고 말았다. 그러나 정신적 가치가 뒷받침되지 않은 물질적 풍요는 마치 모래로 쌓은 성과 같다. 외부의 작은 충격만으로도 쉽게 무너져내리고 견고하지 못하여 오래 지속되지 못한다.

지금의 우리 현실이 그러하고 그 문제의 근원은 우리의 교육으로 인한 것이라 할 수 있다.

조선시대 대학자 율곡 이이는 그의 저서《격몽요결》서문에서 우리가 공부를 해야 하는 이유를 이렇게 말했다.

"사람이 이 세상을 살면서 학문을 하지 않으면 올바른 사람이 될 수 없다. 학문이란 이상하고 별다른 것이 아니다. 다만 부모는 자식을 사랑해야 하고, 자식은 효도해야 하고, 신하는 충성해야 하고, 부부는 분별이 있어야 하고, 형제는 우애가 있어야 하고, 젊은이는 어른을 공경해야 하고, 친구 사이에는 신의가 있어야 하는 것이다. 이것은 모두 일상생활 속에서 일에 따라 각각 마땅하게 해야 할 따름이니 마음이 신묘한 데로 끌리어 신통한 효과를 분수에 맞지 않게 바라는 것이 아니다."

공부를 하는 진정한 목적은 '사람다운 사람이 되기 위해서'라는 의미다.

우리 선조들은 '먼저 사람공부를 하고 나서 글공부를 하라'고 가르쳤다. 그것은 조선시대 아이들이 배웠던 동몽교재에 잘 나타나 있다.

이 책은 조선시대 어린이 교육서였던 8편의 동몽교재와 중국의 어린이 교육서 3편을 원문을 포함해 싣고 조선의 교육법에 대해 다루고 있다. 선현들의 지혜 속에서 현재의 수많은 문제에 대한 답을 찾을 수 있다고 생각하기 때문이다.

이 책에 소개되어 있는《삼자경》의 마지막에는 다음과 같은 명구가 나온다.

"사람들은 자식에게 남기길 금이 상자에 가득하게 하지만 나는 자식을 가르칠 오직 하나의 경이 있다. 부지런하면 성공을 하게 되고 놀기만 하면 유익함이 없으니 이를 경계하여 힘쓰고 노력해야 한다."

나는 위의 말에 부모의 자녀교육과 우리 교육의 미래에 대한 답이 담겨 있다고 생각한다.

한순간의 성공이 아니라 한평생을 잘 살아가기 위한 가르침을 주고 기계와 경쟁해야 하는 미래에 진정한 경쟁력인 사람 안에 존재하는 인성을 되찾아주는 것, 그것이 아이들을 위한 최고의 교육이 아닐까?

웅산재에서 김미라 쓰다

차례

머리말 _4

| 제1장 | **사람다운 사람을 만든
조선의 교육법** |

1. 지금의 우리는 누구를 위해 공부하고 있는가? _17
2. 교육이란 우리 안에 존재하는 선함을 끌어내는 것 _20
3. 미래에는 남을 이기는 것이 경쟁력이 아니라
   더불어 살아가는 능력이 경쟁력이다 _23

| 제2장 | **먼저 사람공부를 하고 나서
글공부를 하라고 가르쳤던 전통교육** |

1. 유태인 교육법보다 우리에게 더 절실한 조선의 교육법 _29
2. 인성교육을 조기 교육해야 한다 _32
3. 전통교육에서는 지식보다는 생활습관과 예절을 먼저 가르쳤다 _35
4. 아이의 연령에 따른 예절교육 내용 _40

제3장 　**조선의 아이들은**
　　　무슨 책을 배웠을까?

1. 바른 품성을 길러주었던 조선의 아동 학습서 _ 47

2. 어린이 생활예절 교과서《사자소학》_ 49

3. 어린이에게 좋은 정서를 길러주는《추구》_ 51

4. 어린이 산문 입문서《계몽편》_ 53

5. 우리나라 최초의 아동 교과서《동몽선습》_ 55

6. 아동교육 지침서《소아수지》_ 58

7. 삶의 목표를 세우는 법과 실천을 가르쳤던 교육서《격몽요결》_ 60

8. 품격 있는 사람으로 길러주는 인성교육서《사소절》_ 63

제4장 　**떡잎부터 좋은 인성을 만들어주는 지침서**
　　　《태교신기》

1. 아이의 인성 씨앗은 부모의 태교에서 만들어진다 _ 67

2. 임신부의 모든 것이 태아에게 크게 영향을 미침을 일깨우는
　《태교신기》_ 70

3. 어머니와 아버지가 함께하는 태교를 강조한 전통 태교 _ 83

제5장 | **평생을 좌우할 바른 생활습관을 길러주는**
《사자소학》

1. 조선의 아이들에게 체계적인 인성 갖추기를 가르쳤던
《사자소학》 _89
2. 바른 인성을 키우기 위한 여덟 가지 덕목 _92
    1) 예절 - 몸가짐과 마음가짐을 올바로 하는 것 _92
    2) 효도 - 모든 교육은 효도부터 가르쳐야 한다 _95
    3) 정직 - 바른 마음가짐은 정직에서 나온다 _97
    4) 책임 - 선한 영향을 주고받도록 좋은 환경을 선택해야 한다 _99
    5) 존중 - 원만한 인간관계는 상대의 존중에서 비롯된다 _101
    6) 배려 - 내 마음을 비추어 타인을 살피는 것 _103
    7) 소통 - 인간관계의 성공은 소통에 달려 있다 _104
    8) 협동 - 마음과 힘을 보태주는 것 _106

제6장 | **생각의 힘을 길러주는 한시 입문서**
《추구》

1. 마음을 깨우고 되찾는 교육 _111
2. 정서를 길러주고 사고력을 키워주는 한시 모음집 《추구》 _114
3. 한시를 통해 자연의 법칙을 배우고 사람의 마음을 이해하다 _116

제7장 **사물의 원리를 가르치는 아동 산문입문서**
　　　《계몽편》

　　1. 머리말 〈수〉편 – 사물의 원리를 가르치다 _ 129

　　2. 하늘이야기 〈천〉편 – 자연의 원리를 가르치다 _ 133

　　3. 땅이야기 〈지〉편 – 만물을 구성하는 요소를 가르치다 _ 137

　　4. 물건이야기 〈물〉편 – 세상의 생물을 가르치다 _ 141

　　5. 사람이야기 〈인〉편 – 인간 세상의 질서를 가르치다 _ 147

제8장 **평생의 처세법을 가르쳤던**
　　　《동몽선습》

　　1. 어렸을 때부터 인간관계의 질서를 배웠던 조선의 아이들 _ 155

　　2. 우리나라 최초의 교과서《동몽선습》 _ 157

　　3. 《동몽선습》에서 처세를 배우다 _ 159

　　　　1) 서문 – 인간이 동물과 다른 점은 도덕이 있다는 것 _ 159

　　　　2) 〈부자유친〉편 – 부모는 가르칠 의무가 있고,
　　　　　　자식은 효도해야 할 의무가 있다 _ 161

　　　　3) 〈부부유별〉편 – 남편과 아내는 각자의 역할이 있다 _ 163

　　　　4) 〈장유유서〉편 – 윗사람은 모범을 보이고,
　　　　　　아랫사람은 윗사람을 존중해야 한다 _ 164

　　　　5) 〈붕우유신〉편 – 나에게 모범이 될 만한 친구와
　　　　　　사귀어야 한다 _ 166

제9장 **품격 있는 사람이 되기 위한 예절 학습서**
《동자례》

1. 원만한 사회생활을 위한 첫걸음, 예절 _ 171
2. 몸과 마음을 다스리는 예절 _ 173
3. 부모와 스승을 섬기는 예절 _ 182
4. 학교에서 행해야 할 예절 _ 191

제10장 **어떻게 살 것인가를 배우는 삶의 지침서**
《격몽요결》

1. 공부는 삶의 방향을 알려주는 나침반과 같다 _ 197
2. 학문을 시작하는 아이들을 위한 교재《격몽요결》 _ 199
3. 제1장 입지(立志) – 삶의 올바른 목표를 세우다 _ 201
4. 제2장 혁구습(革舊習) – 절제력은 어려서부터 길러야 한다 _ 204
5. 제3장 지신(持身) – 올바른 몸가짐과 마음가짐 기르기 _ 210
6. 제4장 독서(讀書) – 독서의 방법과 순서 _ 215
7. 제5장 사친(事親) – 부모를 섬기다 _ 218
8. 제6장 상제(喪制) – 상례의 방법 _ 221
9. 제7장 제례(祭禮) – 제사의 방법 _ 223
10. 제8장 거가(居家) – 집에서의 예절은 사회생활의 기본이 된다 _ 225
11. 제9장 접인(接人) – 사회생활을 위한 처세법 _ 228
12. 제10장 처세(處世) – 공부는 사람으로서 잘 살기 위한 과정이다 _ 230

제11장 | **사회생활을 위한 사소한 예절 지침서**
《사소절》

1. 로봇이 인간을 대체하는 미래 사회에서는
   인간 고유의 인성이 경쟁력이다 _ 235

2. 사소하지만 꼭 필요한 예절을 가르쳤던《사소절》_ 238

3. 동지(動止)·행동거지
   – 어릴 때의 몸가짐이 바른 사람을 만드는 길이다 _ 241

4. 교습(教習)·가르치고 익힘
   – 아이를 가르치는 것은 부모의 의무 _ 244

5. 경장(敬長)·어른을 공경함
   – 어른을 대할 때의 세세한 예절 _ 250

6. 사물(事物)·이런 일 저런 일
   – 예절은 올바른 마음가짐에서 나온다 _ 253

부록 | **중국 전통사회의**
어린이 학습서

1. 중국의 어린이 명상 교재《명심보감》_ 259
2. 중국의 어린이 예절 교과서《소학》_ 275
3. 중국의 어린이 기본 동몽서《삼자경》_ 289

사람다운 사람을 만든
조선의 교육법

제1장

66

하늘과 땅 사이의 만물의 무리 중에서
오직 사람이 가장 귀한데,
그 이유는 바로 오륜이 있기 때문이다.

–《동몽선습》

99

지금의 우리는
누구를 위해
공부하고 있는가?

1

현대인들은 인간관계의 소통을 위한 도구로 SNS(Social Network Service) 매체를 적극 활용하고 있다. 그러나 아이러니하게도 사람들 간의 관계에서 진정한 소통은 단절되고 SNS 시대 이전에 오가던 인정은 사라져버렸다.

그렇다면 인간이 사는 사회에서 소통의 주체는 무엇일까? 바로 '사람'이다. 모든 인간관계의 중심에는 균형 잡힌 한 개인이 전제되어야 한다.

그러나 SNS의 선두주자인 오늘날의 한국은 '인간관계 불통'이 만연한 사회가 되었다. 이로 인해 '갑질', '여성혐오', '왕따', '학교폭력' 등은 우리 주위에서도 어렵지 않게 볼 수 있는 현상이다. 특히 뉴스를 장식하는 반사회적·반인륜적 범죄는 우리 사회의 도덕성 부재를 여실히 보여주는 현상이다. 이러한 현상의 근원이 인성(人性)의 부재에 있기에 인성을 회복해야 한다는 목소리가 고조되고 있다.

조선시대 대학자 율곡 이이는 《격몽요결》 서문에서 "사람이 이 세상을 살아가면서 학문을 하지 않으면 올바른 사람이 될 수 없다"고 했다. 그렇다면 율곡이 강조한 '학문'이란 무엇일까? 그 학문은 특별한 것이 아니라 사람이 사람답게 살아가기 위해 필요한 기본적인 도리를 깨우치는 '인성학문'을 말한다. 부모는 부모로서 마땅히 자식을 사랑하고, 젊은 사람은 마땅히 어른을 공경해야 한다는 말이다. 즉 부모와 자식, 상사와 부하, 어른과 아이, 스승과 제자, 남자와 여자 등 모든 인간관계의 소통을 강조하는 것이다.

결국 인성이 기본이 되어야 비로소 서로 간의 소통이 가능하다. 그래서 어릴 때부터 인성을 갖춘 올바른 사람으로 성장하도록 교육하고 이끌어주는 교육법이 필요하다.

교육의 성현으로 불리는 공자는 인성교육의 선두주자다. 공자의 어록인 《논어》에서는 끊임없이 사람답게 사는 법에 대해 이야기한다. 이러한 공자의 학문을 유학(儒學)이라고 일컫는다. 유학은 곧 '인성학문'이며, '인간관계 소통의 학문'이다. 또한 인간의 마음을 가치 있게 다루고 있는 '마음학문'이기도 하다. 동방예의지국이었던 조선이 국가이념으로 삼은 것이 바로 '유학'이었다. 조선은 '사람이 되는 교육'을 통해서 500년이라는 기나긴 역사를 안정적으로 유지해갈 수 있었다.

유학의 핵심 사상을 한마디로 요약하면 '수기치인(修己治人)'이라 할 수 있다. 여기서 '수기(修己)'는 자신의 몸에 젖어들도록 자신을 닦는 것을 말하며, '치인(治人)'은 타인을 편안하게 하는 것이다. 공자는 제자들이 학문에 젖어들도록 교육했다. 학문에 젖다 보면 분명 좋아하게 될 것이고, 좋아하다 보면 배움의 기쁨을 스스로 느끼게 된다는 원리다. 다시 말해, 남이 시켜서 하는 공부가 아니라 스스로 즐거움을 느끼고 필요해서 하는 공부를 강조했다.

요즘 경쟁의 폐해가 극에 달하면서 자신을 돌아보고 자신에게 집중하는 것이 사회적으로 크게 유행하고 있다. '자기'가 목적이 되고 대상이 되는 학문이 바로 유학이다. 공자는 학문의 자세에 대해 이렇게 말했다.

古之學者爲己(고지학자위기) 今之學者爲人(금지학자위인)
옛날의 배우는 자는 자기를 위해서 학문했으나, 지금의 배우는 자는 남을 위해서 학문한다.

진정한 학문은 자신의 부족한 부분을 채우는 것이지 남에게 과시하는 것이 아니라는 의미다. 학문은 타인을 위해서 하는 것이 아니라 자기 자신을 위해서 하는 것이다. 배우고자 하는 의지도, 그 배움에 매진하여 나아가는 것도, 포기하고 멈추는 것도 모두 '자신'에게 달려 있음을 공자는 강조하고 있다.

교육이란
우리 안에 존재하는
선함을
끌어내는 것

2

인간은 이 세상에 태어나면서 선한 존재로 태어났을까, 악한 존재로 태어났을까?

'성선설'과 '성악설'에 대해서는 이미 익숙하게 들었을 것이다.

교육은 사람을 사람답게 만들기 위한 과정이며, 사람을 교화할 수 있는 최고의 방법이다. 사람을 사람답게 기르기 위해서는 인간관에 대한 근본을 먼저 살펴볼 필요가 있다. 만약 인간이 선한 존재라고 한다면 그 선함을 잘 보존하도록 이끄는 것이 교육의 역할일 것이고, 인간이 악한 존재라고 한다면 악함을 선함으로 교정하는 것이 교육의 역할일 것이다.

그렇다면 학문을 하는 데 있어 특히 인간관계의 조화와 인성교육을 강조했던 공자의 인간관은 어떠할까?

《논어》〈양화〉편을 보면 공자는 이렇게 말했다.

性相近也(성상근야) 習相遠也(습상원야)

인간의 본성은 서로 비슷하지만 후천적인 습관에 따라 서로 달라진다.

공자는 하늘이 내려준 사람의 성품은 선천적으로는 그 수준이 비슷하지만 후천적 노력과 습관, 외부적인 환경이나 교육의 정도에 의해서 달라진다고 보았다. 그는 자신에게 '덕(德)'을 준 존재가 바로 하늘이며, 하늘이 인간에게 부여한 성품을 인정하면서 사람은 자신이 가야 할 자신의 길을 바르게 가야 한다고 주장했다.

이러한 공자의 주장은 이후 맹자의 '성선설'로 체계화되어 유학의 기본적인 인성론을 형성하게 된다. 유교에서는 사람은 누구나 태어나면서부터 착한 성품을 가지고 있으며, 또한 교육을 통해 원래의 선함을 회복할 수 있다고 보았다. 성선설을 주장한 맹자는 인간이 잃어버린 '성(性)'의 회복을 위해 교육이 반드시 필요하다고 주장했으며, 성악설을 주장한 순자도 악한 본성을 가진 인간을 후천적인 노력, 즉 교육에 의해서 선한 인간으로 변화시킬 수 있다고 주장했다.

인간의 본성이 선하다는 것을 강조한 맹자는 모든 도덕의 근원을 성(性)이라고 생각했다. 그의 말에 따르면, 성에는 인간이 본래부터 지니고 있는 덕(德)이라는 속성이 있으며 이것이 바로 인의예지(仁義禮智)다.

인의예지는 인간에게 공통적으로 들어 있는 마음의 요소다.

그는 인간은 원래 착한 성품으로 태어났지만 살아가면서 사욕으로 인해 변하기 때문에 본래의 선한 성품을 회복하는 것이 중요하다고 주장했다.

인성을 기르는 것을 수신(修身)이라 하는데, 수신을 통해 인성을 온전히 길러낼 수 있도록 도와주는 것이 바로 교육이다.

인성이란 인간에게 부여된 보편적 성품으로 인간을 인간답도록 하는 원초적인 생명력이다. 사람이 사람다운 삶을 살아갈 수 있도록 하는 씨앗이기에 이것이 메마르지 않도록 잘 보존해 굳건히 길러내는 것이 매우 중요하다.

미래에는
남을 이기는 것이
경쟁력이 아니라
더불어 살아가는 능력이
경쟁력이다

3

조선의 아이들이 배웠던 학습서의 사상적 배경이었던 유학이라는 학문의 가장 중요한 대상은 바로 '인간'이다. 유학은 다른 어떤 존재보다 인간에 대한 주체성과 잠재능력을 인정하면서 그것을 실현하기 위한 노력들이 삶의 과정에서 자연스럽게 행해지도록 가르쳤다. 그리고 혼자 살아가기 위한 삶이 아닌 더불어 살아가기 위해 필요한 원만한 인간관계를 강조했다.

사람이 더불어 잘 살아가기 위해서 반드시 필요한 것이 바로 '오륜(五倫)'이다. 이것은 인간관계에서의 다섯 가지 질서를 말한다. 조선시대 어린이 학습서인 《동몽선습(童蒙先習)》에서는 이렇게 서술하고 있다.

"하늘과 땅 사이의 만물의 무리 중에서 오직 사람이 가장 귀한데, 그 이유는 바로 오륜이 있기 때문이다."

오륜은 인간관계 속에서 필요한 인간의 윤리이자 질서다. 인간관계를 특히 중시하는 유교사상에서 나와 너와의 관계를 규정짓는 기본원리가 오륜이다. 유교에서는 인간관계를 총망라해 부모와 자식, 임금과 신하, 남편과 아내(남자와 여자), 어른과 아이, 친구관계로 나누고 있다. 오륜은 이 관계 속에서 반드시 지켜야 할 도리다. 부자유친(父子有親), 군신유의(君臣有義), 부부유별(夫婦有別), 장유유서(長幼有序), 붕우유신(朋友有信)이 그것이다.

이는 조선시대에는 유아기에 반드시 습득해야 할 교육 내용으로서 부모와 가족, 스승과 벗으로부터 끊임없는 교육을 거치면서 성인이 되어서는 사람들과 관계를 맺고 사회생활을 위한 기본적인 소양이 되었다.

송나라의 유학자 주희는 소학(小學) 교육이 시행되지 않는 것을 개탄하여 옛날의 소학교에서 실시하던 교육 내용과 옛 성현들의 언행을 수록하여 《소학(小學)》이라는 책을 만들었는데, 그 내용 중에서 가장 많은 부분을 차지하고 있는 것이 오륜이다. 이 책은 친(親)·의(義)·별(別)·서(序)·신(信)을 인간관계를 위한 실천 덕목으로 제시하고 있다.

'친'은 부모의 자식에 대한 사랑과 자식의 부모에 대한 효도의 뜻을 담고 있으며, '의'는 임금의 의리와 신하의 충성을 뜻한다. '별'은 남편과 아내, 남자와 여자의 다름을 뜻하며, '서'는 어른과 어린이, 윗사람과 아랫사람 사이의 차례와 질서를 말하고, '신'은 친구 사이의 믿음, 신뢰를 뜻한다.

이처럼 사람이 사람으로서 갖추어야 할 자질인 인성은 사회의 구성원으로 살아가기 위해서 혹은 다른 사람과의 바람직한 관계를 맺기 위해 반드시 필요하다. 또한 오늘날 교육과 사회에서 일어나는 많은 문제를 해결하는 열쇠이기도 하다.

그래서 이제는 수학과 영어를 선행학습하고 경쟁에서 이기는 법을 배우기 이전에 어릴 때부터 '사람이 되는 법', '사람으로서 남들과 더불어 사는 법'을 배울 필요가 있다. 또한 사람 안에 내재한 인간성을 회복하는 길이 기계와 경쟁해야 하는 미래에 살아남는 방법이기도 하다.

먼저 사람공부를 하고 나서
글공부를 하라고 가르쳤던 전통교육

제2장

"

집에 들어가서는 효도해야 하고, 밖에 나가서는 공경해야 하며,
예절바르고 미더워야 하며, 두루 사람들을 사랑해야 하고,
착한 친구들과 가까이 지내야 한다. 이러한 것들을 실천하고도
남은 힘이 있으면 그 힘으로 글을 배우도록 해야 한다.

– 공자

"

유태인 교육법보다
우리에게 더 절실한
조선의 교육법

1

인간사회에서 가르치고 배우는 것은 매우 중요한 일이다. 가르침과 배움은 인간사회가 지속적으로 존재할 수 있는 이유이기도 하다. 이는 유교 경전 중에서 《중용(中庸)》의 첫 장, 첫 구절에 잘 나타나 있다.

> 天命之謂性(천명지위성) 率性之謂道(솔성지위도) 修道之謂敎(수도지위교)
> 하늘이 인간에게 부여한 것을 성(性)이라 하고, 성을 따르는 것을 도(道)라 하고, 도를 닦는 것을 교(敎)라 한다.

하늘은 사람에게 사람답게 살아갈 수 있도록 하는 생명력(성性)을 부여했고, 하늘로부터 받은 성을 잘 지키는 일을 사람의 길(도道)이라 했다. 여기에서 사람이 이 세상에 태어나 살아가는 길이 인도(人道)이며, 사람의 길을 잘 닦아 살아가도록 하는 것이 바로 교육(교敎)이다.

학문은 배우고 묻는 일련의 과정이다. 《중용》에서는 학문이란 먼저 널리 배우며 자세히 따져서 묻고 신중하게 생각하며 명확하게 분별하며 독실하게 실천하는 것이라고 설명한다. 배우기만 하고 묻고 생각하지 않으면 진정한 학문이 아니다. 이렇듯 가르치고 배우는 것이 교학(敎學)이다. 가르치는 자와 배우는 자는 함께 성장해야 하며, 이를 《예기(禮記)》〈학기〉편에서는 '교학상장(敎學相長)'이라고 했다.

배우는 사람은 배우고 묻고 또 생각하여 배운 것을 자신의 것으로 완전히 소화해야 한다. 그리고 가르치는 사람은 배우는 사람에게 가르침을 제대로 전달하여 잘 '소통'하도록 해야 한다. 이는 가정에서도 마찬가지다.

부모는 가르치는 사람이고, 자식은 배우는 사람이다. 결국 부모와 자식 관계에서 무엇보다 중요한 것이 소통이다. 그러나 지금은 학교에서도, 가정에서도 제대로 소통되지 못하고 있는 것이 현실이다. 아이들의 발달 수준이나 단계 또는 사고력 등을 전혀 고려하지 않은 채 가르치는 일에만 주력하고 있다.

빌게이츠는 지금의 교육 현실에 대해 "농부, 공학자, 컴퓨터 프로그래머, 운동선수들은 그 전 세대보다 발전했다. 그들의 성공은 성과에 달려 있고 최고들에게 끊임없이 배우기 때문이다. 하지만 뛰어난 교육에 대한 기준이 없다 보니 교사들은 교육 발전을 이루지 못했다"라고 지적하며 공교육 개혁을 강조했다.

교육은 '참다운 인간을 만드는 과정'이며, 그 목적은 인간의 정신과 육체를 온전하게 길러내는 것이다. 우리의 전통교육에서는 가정과 학교에서 바로 이 점에 초점을 맞추어 교육했다. 특히 지금의 교육이 초점을 맞추어야 할 것은 내면의 좋은 심성을 회복하게 해 가정과 사회에서 원만하게 더불어 살아가는 법을 익혀 자신의 뜻을 이루고 조직에 필요한 일원이 될 수 있게 하는 것이다. 아직 인격이 완성되지 않은 유아기부터 점차적으로 형성된 심성은 성장 과정에서 뿐만 아니라 성인이 된 후에도 삶에서 매우 중요한 역할을 한다.

그동안 우리나라 교육은 서양에서 계발된 교육이론을 맹목적으로 받아들이고 의존해 왔다. 그 결과 가르치는 사람과 배우는 사람 간의 소통이 무너진 채 '주입식' 교육과 '따라가기식' 교육이 공교육의 전부가 되었다. 이로 인해 선생님들의 권위는 무너지고 학생들은 공부하는 기계가 되고 말았다.

그렇다면 인성교육, 즉 '사람이 되는 교육'은 구체적으로 언제부터 시작해야 하는 것일까?

일반적으로 인성교육을 시작해야 하는 시기가 유아기라고 생각하는데 조선시대 여성학자인 이사주당의 저서 《태교신기(胎敎新記)》에서는 그보다 앞선 태아기부터 시작해야 한다고 강조했다.

이처럼 전통교육에서는 인성교육을 가장 중요한 교육의 목표로 인식하고 가급적 어릴 때부터 시작해야 한다고 보았다.

인성교육을
조기 교육해야 한다

2

과거에도 어린아이를 지금처럼 '유아' 또는 '어린이'라 불렀을까? 그렇지 않다. '동몽(童蒙)'이라고 표현했다. 여기서 '몽(蒙)'이란 《주역(周易)》에서 유래한 개념으로, '어리다·어둡다'는 뜻이다. '동몽'은 '유치하고 어리석음'이라는 뜻과 함께 지혜가 계발되지 않은 어린이를 뜻하며 지적으로 미성숙한 사람을 말한다.

따라서 '동몽'이란 '어리고 지혜가 계발되지 않은 어린이'를 뜻하며, '교육'이란 동몽의 어리석으며 우매한 부분을 깨우쳐서 지혜로운 자로 만들어주는 것을 뜻한다. 조선시대 어린이 교재를 보면 현대 우리가 유아, 아동, 어린이라 부르는 어린아이를 아해(兒孩), 유자(幼子), 동자(童子), 동치(童穉), 동몽(童蒙), 동츤(童齔), 해제(孩提), 해동(孩童) 등을 비롯해

영해(嬰孩), 동아(童兒), 동진(童眞), 동녀(童女) 등으로 표현하고 있다. 그리고 15, 16세기 문헌에서는 아희, 아이, 어린이, 조무래기 등으로 표현하고 있다.

《소학》에서 말하는 '소학(小學)'은 입학하는 나이와 교육의 수준으로 볼 때 오늘날의 초·중등 교육 수준에 해당한다고 할 수 있다. 아동, 동몽의 개념은 문헌과 시대에 따라 다소 차이가 있기는 하지만 대체로 태어나서부터 학교에 입학하는 '초등 교육 수준'의 단계에 있는 아이를 가리킨다.

타인과 원만한 인간관계를 형성하기 위해서 가장 필요한 것은 바로 참된 인성이다. 여기에 한 가지를 더한다면, 타인과의 원만한 인간관계를 형성하고 유지하기 위해 필요한 자신의 감정조절 능력인 EQ, 즉 감성교육일 것이다.

EQ(Emotional Quotient)란 감성지수를 의미한다. 감성지수는 지능지수(IQ)와 대조되는 개념으로, 자신의 감정을 적절히 조절하여 원만한 인간관계를 만들 수 있는 '마음의 지능지수'로 불리기도 한다. 그러나 좋은 인성과 감정조절 능력은 단기간 내에 만들어지는 것이 아니다. 그래서 유아기 때부터 오랜 시간에 걸쳐 단계적으로 교육이 이루어져야 한다.

《명심보감(明心寶鑑)》의 〈입교〉편을 보면 공자는 조기교육의 중요성을 다음과 같이 강조했다.

孔子三計圖云(공자삼계도운) 一生之計在於幼(일생지계재어유) 一年

之計在於春(일년지계재어춘) 一日之計在於寅(일일지계재어인) 幼而
不學(유이불학) 老無所知(노무소지)

공자의 세 가지 계획에 이르기를 일생의 계획은 어릴 때에 있고, 일
년의 계획은 봄에 있으며, 하루의 계획은 새벽에 있다고 했다. 그러
므로 어려서부터 배우지 않으면 늙어서 아는 것이 없다.

이처럼 유아기 인성교육은 개인의 일생을 좌우할 수 있는 매우 중요
한 일이다.

그럼, 인성교육을 중시했던 전통사회에서는 어렸을 때 무엇을 읽고
배웠을까?

전통교육에서는 지식보다는 생활습관과 예절을 먼저 가르쳤다

3

전통사회의 어린이 교육은 '하학이상달(下學而上達)'로 요약할 수 있다. 아래에서부터 배워 위로 통달하는 교육을 뜻한다. 여기에서 하학은 아이가 배우고 익혀야 하는 공부를 말한다. 수신(修身), 언어 예절, 응대 예절, 효도 예절, 공경 교육 등과 같은 일상생활에서의 기본예절이 바로 하학공부다. 어렸을 때부터 인사(사람이 사람으로서 해야 하는 일)를 먼저 익히고 나면 자연스럽게 우주만물의 이치를 깨달을 수 있다는 이치다.

또한 이러한 단계를 절대 건너뛰어서는 안 된다고 가르쳤다. 하학공부를 게을리하고 천리공부를 하게 되면 결국에는 성공할 수 없다는 것이 선현들의 가르침이었다. 또한 쉬운 것에서부터 어려운 것으로, 일상생활의 간단하고 구체적인 것으로부터 추상적인 것을 익히고 배워 이것을 행동으로 옮기는 실천 중심의 교육을 강조했다.

《소학》〈소학서제〉편에서도 어릴 때부터의 교육을 크게 강조하고 있다.

> 必使其講而習之於幼穉之時(필사기강이습지어유치지시) 欲其習與智
> 長(욕기습여지장) 化與心成(화여심성) 而無扞格不勝之患也(이무한격
> 불승지환야)
> 반드시 어릴 때에 학습하고 익히게 하는 것은 그 익힘이 지혜와 함
> 께 자라며 교화가 마음과 함께 이루어져서 거슬려 감당하지 못하는
> 근심을 없게 하기 위해서다.

《소학》은 이처럼 반복적으로 가르치고 이끌어서 올바른 방향으로 나아가게 되면 비록 나쁜 상황에 부닥쳐도 크게 동요하지 않고 적절한 대처능력이 생길 수 있다고 강조했다. 이것이 바로 '습관교육'이다.

'습(習)'은 우(羽)와 백(白)이 합쳐진 글자다. 즉, 어린 새가 날갯짓을 수천 번 연습하다 보면 자연스레 날 수 있듯이 배우고 익히는 것을 마치 어린 새가 자주 나는 것과 같이 하면 일상생활 속에서 바른 행동과 생각이 저절로 드러날 수 있다는 의미다. 어린 시절에 형성된 습관이나 경험들은 그것이 점차 습성으로 자리잡아 그 사람의 성격은 물론 이후의 이성적인 판단과 선택에까지 영향을 미치게 된다.

미국의 교육학자 존 듀이는 유아기의 특성으로 '가소성(可塑性)'을 역

설했다. 그는 가소성은 유아기에만 형성되었다가 성장하면서 조금씩 약화되는 성질로, 어린아이의 습관교육에 매우 중요한 역할을 하므로 어린 시기 교육의 여부는 기본적인 생활습관 형성에 지대한 영향을 줄 수 있다고 주장했다.

이는 "세 살 버릇 여든 간다"라는 우리 속담과 일맥상통한다. 우리 전통사회에서는 조기교육의 중요성을 일찍이 깨닫고 아이가 스스로 밥을 먹고 말을 할 수 있을 때부터 교육을 실시했다.

《소학》〈소학서제〉편에서는 어린이 교육으로 세 가지 예절교육과 네 가지 도리교육을 제시했다. 그 구체적인 내용은 다음과 같다.

> 古者小學(고자소학) 教人以灑掃應對進退之節(교인이쇄소응대진퇴지절) 愛親敬長隆師親友之道(애친경장륭사친우지도) 皆所以修身齊家治國平天下之本(개소이수신제가치국평천하지본)
> 옛날 소학교에서 사람을 가르칠 때 물 뿌리고 쓸며 응하고 대답하며 나아가고 물러나는 예절과 부모님을 사랑하고 어른을 공경하며 스승을 높이고 친구와 친하게 지내는 방도로써 하였으니, 이것은 모두 몸을 닦고 집안을 가지런히 하고 나라를 다스리고 천하를 평안히 하는 근본이 되는 것이다.

이처럼 전통사회에서는 아이들이 실생활에서 바른 몸가짐과 마음가짐을 갖도록 이끄는 데 주력했다. 즉, 지식적인 측면을 강조하기보다는 사람의 도리를 몸소 체험하는 실천학문을 강조했다. 여기에서 '물

뿌리고 쓴다'는 것은 청결을, '응하고 대답한다'는 것은 응하고 대답하는 것을, '나아가고 물러난다'는 것은 진퇴를 뜻한다. 이 세 가지가 아이들이 알아야 할 기본적인 예절교육이었다. 그리고 부모님에 대한 효도교육, 어른에 대한 공경교육, 스승에 대한 존경교육, 친구에 대한 신뢰교육의 네 가지가 도리교육으로서 기본적으로 배우는 내용이었다.

이것은 공자가 제시한 일곱 가지 교육철칙과 통한다.《논어》〈학이〉편에서는 다음과 같이 말한다.

子曰(자왈) 弟子入則孝(제자입즉효) 出則弟(출즉제) 謹而信(근이신) 汎愛衆(범애중) 而親仁(이친인) 行有餘力(행유여력) 則以學文(즉이학문)
공자께서 말씀하셨다. "집에 들어가서는 효도해야 하고, 밖에 나가서는 공경해야 하며, 예절바르고 미더워야 하며, 두루 사람들을 사랑해야 하고, 착한 친구들과 가까이 지내야 한다. 이러한 것들을 실천하고도 남은 힘이 있으면 그 힘으로 글을 배우도록 해야 한다."

공자는 가정에서는 효도교육을, 사회생활에서는 공경교육을, 또한 예절교육과 신뢰교육을, 모든 사람들을 사랑하는 박애교육을, 인성 갖춘 친구들과 가까이 지내는 친인교육을 먼저 실천하고 남은 힘이 있으면 그때 글공부를 해도 늦지 않다고 강조했다. 공자가 중시했던 교육방법은 바로 인성을 기반에 두고 지식교육을 더해가는 '선인성 후지식' 교육이다. 공자는 끊임없이 인성교육을 역설했고, 사람은 환경이나 생활습관, 교육의 여부에 의해 차이가 생기니 어린 시기부터 교육해야 한다고 주장했다.

《논어집주(論語集注)》를 보면 주자는 "배운다는 것은 본받는다는 것이다. 익힘은 새가 날갯짓을 하듯 반복해야 한다"라고 말했다.

유교에서는 교육 방법으로 성인(聖人)의 모습을 모범화(모델링, modeling)해서 그들의 행동과 가치관을 본받도록 가르쳤다. 유아가 스스로 신체를 조절할 수 있는 능력과 언어를 습득하는 시기가 되면 옷 입기, 대답법, 응대법 등 간단한 것에서부터 복잡한 것에 이르기까지 성인을 모방하고 그것을 반복하고 숙달하도록 한 것이다.

아이의
연령에 따른
예절교육 내용

4

그렇다면 전통사회에서는 연령에 따른 구체적인 교육내용이 무엇이었을까?

《예기》〈내칙〉편에는 유아의 연령에 따른 예절교육을 다음과 같이 구체적으로 서술하고 있다.

子能食(자능식) 食敎以右手(식교이우수) 能言(능언) 男唯女兪(남유녀유) 六年(육년) 敎之數與方名(교지수여방명) 七年(칠년) 男女(남녀) 不同席(부동석) 不共食(불공식) 八年(팔년) 出入門戶及卽席飲食(출입문호급즉석음식) 必後長者(필후장자) 始敎之讓(시교지양) 九年(구년) 敎之數日(교지수일) 十年(십년) 出就外傅(출취외전) 居宿於外(거숙

어외) 學書計(학서계) 衣不帛袴(의불백고) 禮帥初(예솔초) 朝夕(조석)
學幼儀(학유의) 請肄簡諒(청이간량) 十有三年(십유삼년) 學樂誦詩
(학악송시) 舞勺(무작)

아이가 밥을 먹을 수 있게 되면 오른손으로 밥을 먹도록 가르치고,
말을 할 수 있게 되면 남자아이는 빨리 대답하고 여자아이는 느리
게 대답하도록 가르친다. 또한 여섯 살이 되면 숫자와 방위의 명칭
을 가르치고, 일곱 살이 되면 남자아이와 여자아이가 같은 자리에
있지 못하게 하며, 음식을 같이 먹지 못하게 한다. 여덟 살이 되면
문을 출입할 때, 자리에 앉을 때, 음식을 먹을 때 반드시 웃어른보
다 뒤에 하게 하여 비로소 사양하는 법을 가르친다. 또한 아홉 살이
되면 날짜 세는 법을 가르친다. 열 살이 되면 외부의 스승을 찾아가
그곳에서 머무르면서 육서와 계산하는 법을 배우며, 옷은 비단 저
고리와 바지를 입지 않으며, 초보적인 예절을 지키도록 한다. 아침
저녁으로 지켜야 할 예절을 배우되 간단하고 진실한 것을 청하여
익히게 한다. 열세 살이 되면 음악을 배우고 시를 외우며, 작시(勺
詩)에 맞춰 춤추는 것을 배운다.

이 내용은《소학》의 〈입교〉편에서도 상세히 서술하고 있다. 아이가
스스로 밥을 먹을 수 있게 되는 연령은 아이의 발달단계에서 본다면
대체로 2~3세로 볼 수 있다. 2세가 되면 혼자서 음식을 먹을 수 있으
며, 3세경에는 숟가락의 사용이 어느 정도 가능해진다. 이때 아이에게
오른손을 사용하도록 가르쳐야 한다는 것이다.

아이가 언어 사용이 가능해지면 먼저 어른 공경하는 법, 옳고 그름을 분별하는 법 등을 교육해야 하며, 이때 제대로 가르치지 못하면 이것이 습관화되어 제어할 수 없게 된다.

5~6세 아이는 스스로 옷을 입고 벗는 것이 가능하며, 신발을 신고 정리정돈이 가능해진다. 6세가 되면 숫자와 방위, 명칭, 색깔 개념을 가르쳤다. 여기에서 숫자는 '일, 십, 백, 천, 만'을 말하고, 방위는 '동서남북'을 뜻한다.

7세가 되면 남자아이와 여자아이가 자리를 함께하지 않으며, 음식도 함께 먹지 않는다. 이는 우리가 흔히 알고 있는 '남녀칠세부동석'이다. 이 부분은 현대에는 논란의 여지가 있을 수 있지만, 남녀의 차별이 아닌 '남녀가 다르다'는 측면으로 이해하는 것이 좋을 듯싶다.

8세가 되면 문을 출입하거나 자리에 나아가거나 음식을 먹을 때 반드시 연장자보다 뒤에 하도록 하는 겸양의 예절을 가르쳤다. 이는 장유(長幼)의 질서를 바르게 인식시키기 위해서다. 어른과 어린이의 관계는 반드시 질서가 있으며, 어른을 대할 때는 공경의 자세로 해야 함을 가르쳤다. 전통사회에서는 유아를 교육할 때 장유의 예절을 특히 강조했다. 7~8세가 되면 예절교육이 가능하며, 단 7세까지는 예절교육을 시작했을 뿐 강조한 것은 아니다.

일반적으로 유아교육은 '무의식교육'에서 '의식교육'으로 전환되는데 전통사회에서도 7세까지는 무의식교육을 했고, 8세부터는 형식적 교육으로 이행되었음을 알 수 있다.

9세가 되면 날짜 세는 법을 가르쳤다. 즉 초하루, 보름과 육십갑자

(六十甲子) 등을 알도록 했다.

10세가 되면 외부의 스승을 찾아가서 밖에서 머무르고 잠자며 육서 (六書)와 계산하는 법을 배웠으며, 옷은 저고리와 바지를 비단으로 하지 않았다. 또한 예절교육은 아침과 저녁에 아이의 나이에 맞는 간단하고 행하기 편한 것을 먼저 가르쳤다. 육서는 한자를 상형(象形), 지사 (指事), 회의(會意), 형성(形聲), 전주(轉注), 가차(假借)의 6가지로 분류한 것을 말한다.

13세가 되면 음악을 배우고 시를 외우며 작시에 맞춰 춤을 추게 했다. 작시는 주나라 무왕을 칭송한 노래인《시경》〈주송〉편의 대무(大武)를 이룸을 읊은 시를 말한다. 여기에서 '춤'으로 교육한 것은 아이들의 몸을 유연하게 하기 위해서다. 마음이 가라앉으면 기운이 고르게 되고 기운이 고르게 되면 몸이 유연해진다. 몸이 유연하다는 것은 신체적으로 건강한 상태를 보존하고 있다는 뜻으로, 건강한 몸은 긍정적인 마음을 갖게 해 심신을 조화롭게 할 수 있는 최적의 조건이 된다.

조선의 아이들은
무슨 책을 배웠을까?

제3장

66

자식을 낳으면 조금씩 지식이 생길 때부터 선으로 인도해야 한다.
만일 어려서부터 가르치지 않고 이미 성장하게 되면
잘못된 것을 익히고 방심하게 되어
이를 가르치기가 매우 어렵게 된다.

-《격몽요결》

99

바른 품성을
길러주었던
조선의
아동 학습서

1

우리 전통사회의 교육은 겸손과 사양을 바탕으로 타인을
공경하고 배려하는 예의바른 사람을 길러내는 데 주력했다. 그래서 과
거 우리나라는 '동방예의지국'이라 불리며 칭송받았다.

그러나 지금은 어떠한가? 오늘날 한국은 '동방무례지국'이라 해도
과언이 아닐 만큼 세대 간, 사람 간의 예의범절이 상실되었다. 현대인
들에게 예절은 구태의연하고 고리타분한 것으로 인식되어 아이들은
'전통', '예절'이라고 하면 구시대적이고 불필요한 것이라고 생각한다.

그러나 무너진 인성의 회복을 위해서 가장 효과적인 방법은 우리의
전통교육에 주목할 필요가 있다. 아동기 인성 형성과 예절교육의 해결
책으로 과거 동몽(童蒙) 학습서는 무엇을 가르쳤는지 그 내용을 살펴보

고 그것을 현실에 가져와 재해석하고 재활용하는 것이다.

유교문화가 바탕이 되었던 조선시대의 사회구조는 어른이 중심이었기 때문에 아이들로 하여금 어른들의 일거수일투족을 모방해 배우도록 하는 실천교육을 강조했다. 어른들의 행동을 보면서 예절을 익히도록 한 것이다. 이처럼 가정에서부터 이루어져야 하는 생활 속의 예절교육과 기본적인 생활습관을 이제는 유치원이나 어린이집, 초등학교에 의존할 수밖에 없는 것이 현실이다.

전통사회에서는 아이가 태어나 5~6세가 되면 집에 스승을 모시거나 서당으로 보내 글공부를 시켰다. 서당이나 향교에서 어린이들에게 글을 가르칠 때 먼저《천자문(千字文)》으로 한자를 익히게 했고, 교훈적인 교재로《사자소학》,《계몽편》,《동몽선습》등을 배우게 했다.

우리의 전통교육은 일정한 순서와 교육 방법이 있었다.

어린이 교육은 가장 먼저《천자문》,《유합(類合)》으로 기초문자를 익히게 하였고, 다음 단계로《계몽편》,《동몽선습》,《격몽요결(擊蒙要訣)》,《명심보감(明心寶鑑)》또는《효경(孝敬)》중에서 한 권을 택하여 독서하도록 했다.

그럼, 아이들의 올바른 인성을 길러주기 위해서 반드시 읽어야 할 필독서와 그 내용은 무엇일까?

어린이
생활예절 교과서
《사자소학》

2

《사자소학》은 서당에서 처음 글을 배우는 아동들이 반드시 알아야 할 기본생활 예절과 인성교육 그리고 한자와 한문 학습을 위한 기초 한문 학습서였다. 《예기》, 《논어》, 《맹자》 등의 경전 중에서 아이들이 이해하기 쉽고 또 반드시 실천해야 할 내용들을 뽑아 네 글자가 하나의 구절(사자일구(四字一句))을 이루도록 엮어 《사자소학》이라는 이름을 달았다. 예를 들어 '父生我身(부생아신) 母鞠我身(모국아신)', 즉 '아버지께서 내 몸을 낳으시고 어머니께서 내 몸을 기르셨다' 식의 문장으로 서술되어 있다.

저작자는 알려져 있지 않고 지어진 시기도 분명하지 않다. 하지만 책의 내용을 보면 오랜 시간 동안 다양한 지역에 걸쳐 여러 인물들이 정리한 것으로 추측된다.

《사자소학》을 아우르는 가장 큰 주제는 '효(孝)'다. 자식이 부모에게 효도해야 하는 이유와 실천 방법 등이 큰 뼈대를 이루고 있다. 책의 내용은 부모님의 은혜, 가정 예절, 효행, 자식의 도리, 사회생활, 부부의 도리, 형제자매의 우애, 스승의 은혜, 어른과 아이의 예절, 교우관계, 오륜의 의미, 몸가짐 예절(구용九容), 마음가짐 예절(구사九思) 등으로 구성되어 있다.

최근 우리나라는 인성 부재가 만연함으로 인한 심각한 문제를 해결하기 위해서 인성교육을 법으로 제정하여 시행령을 공시(2015년 7월 21일)했다. 이 인성교육법의 교육 목적은 일상생활 속 인간관계 학문을 지향하는 《사자소학》의 교육목표와 일맥상통한다. 그래서 아이에게 《사자소학》을 읽히는 것은 바른 인성을 갖추기 위해 어려서부터 어떤 몸가짐과 마음가짐을 가져야 하는지 배울 수 있게 한다는 점에서 유익하다.

어린이에게
좋은 정서를 길러주는
《추구》

3

《추구(推句)》는 어린이가 읽을 수 있도록 지은 한 구가 다섯 글자(오언절구(五言絶句))로 된 시다. '天高日月明(천고일월명) 地厚草木生(지후초목생)', 즉 '하늘이 높으니 해와 달이 밝고 땅이 두터우니 풀과 나무가 자라도다' 식의 글이 오언절구다. 이 책은 역대의 한시(漢詩)에서 좋은 시구를 가려 뽑고 그것을 엮었기 때문에 '추구(抽句)'라고도한다.

《추구》는 천지자연에 관한 것과 인간에 관한 것, 화조월석(花朝月夕, 꽃피는 아침과 달 밝은 저녁), 학문에 힘쓰도록 강조하는 내용 등으로 구성되어 있다.

시는 아이의 감성과 정서 및 사고력을 길러주고 상상력을 자극할 수 있는 최고의 매개체다.

　그렇다면 선현들은 어떻게 시를 지었을까? 한글이 만들어지기 이전에는 한자를 사용했기 때문에 한자를 가지고 시를 지었는데, 이를 한시라고 한다. 어릴 때부터 한시를 읽다보면 한자를 익힐 수 있는 기본기도 생기게 되고, 마음의 힘도 단단하게 만들 수 있다. 시 속에는 인간과 인간 사이의 보이지 않는 따뜻한 정이 담겨 있다.

어린이
산문 입문서
《계몽편》

4

《계몽편》은 조선시대 초학 아동을 위한 교과서로 저자와
연대는 전해지지 않는다. 책 이름 그대로 어린이[몽(蒙)]를 계도[계(啓)]
하는 책으로, 아직 어려서 경험과 지식이 부족해 어리석은 아이들을
일깨워 주기 위한 책이다. 네 글자 또는 다섯 글자로 된《사자소학》과
《추구》와는 달리 산문을 처음 익히는 '산문 입문서'라 할 수 있다. '上
有天(상유천) 下有地(하유지) 天地之間(천지지간) 有人焉(유인언)', 즉 '위
에는 하늘이 있고 아래에는 땅이 있다. 하늘과 땅 사이에 사람이 있다'
식의 글을 말한다.《계몽편》은 아이들에게 본격적으로 문장을 익히게
하는 교재로서 가장 먼저 읽도록 했던 책이다.
　《계몽편》의 내용은 〈수(首)〉편, 〈천(天)〉편, 〈지(地)〉편, 〈물(物)〉편, 〈인

〈人〉편의 총 5편으로 구성되어 있다.

〈수〉편에는 천지만물과 일월성신(日月星辰), 강·바다·산, 부자·군신·장유·부부·붕우, 방위·색깔·맛·소리·수에 관한 내용들이 담겨 있다. 〈천〉편에는 우주와 천체, 십간(十干)·십이지(十二支), 춘하추동에 관한 내용이 들어 있다. 〈지〉편에는 오악(五岳)·사해(四海), 구름·안개·비·눈·서리·이슬·바람·우뢰, 국(國)·주(州)·군(郡)·향(鄕), 오행(五行)에 관한 내용이 들어 있다. 〈물〉편에는 동·식물, 금(禽)·수(獸)·충(蟲)·어(魚), 도(稻)·량(粱)·서(黍)·직(稷), 이(梨)·율(栗)·시(柿)·조(棗), 국(菊)·연(蓮)·목단(牧丹), 만물의 수를 숫자로 계산하는 산계만물지수(算計萬物之數)에 관한 내용이 있다. 〈인〉편에는 오륜, 부(父)·모(母)·형(兄)·제(弟)·숙질(叔姪)·부(夫)·서(壻), 부부(夫婦)·혼인(婚姻)·상례(喪禮), 충효(忠孝), 존장(尊長)·붕우(朋友)·형제자매·종족(宗族), 품성·학문·독서, 사람의 9가지 바른 몸가짐과 9가지 바른 마음가짐에 관한 내용이 있다.

우리말의 70퍼센트는 한자어이기 때문에 한자교육은 국어 어휘력을 길러주고 두뇌 개발에 효과가 있다는 측면에서 그 중요성이 강조되기도 한다. 한자교육은 낱자보다 단어나 문장으로 익히게 하는 것이 효과적이다. 아이들이 익히기 쉬운 《사자소학》, 《추구》, 《계몽편》 등의 순서로 암송하다 보면 한자를 공부하는 효과가 있다. 특히 《계몽편》을 읽으면서 한문의 뜻을 찾아 한자를 익히게 하는 일은 아이들의 인격 형성에도 도움이 될 것이다.

우리나라 최초의
아동 교과서
《동몽선습》

5

《동몽선습》은 조선 중기 유학자 박세무가 서당 교재로 사용하기 위해 엮은 책이다. 이 책은 어린이 교재로서 매우 평이한 문장으로 되어 있지만, 사람의 도리를 설득력 있게 가르치고 있다. 《천자문》을 배운 뒤 《소학》 공부에 들어갈 수 있도록 저술된 책이다.

《동몽선습》은 어린이 교육을 위한 '우리나라 최초의 교과서'라는 점에서 그 가치가 매우 크다. 또한 어린이를 위한 교재 가운데 필독서였고, 가장 광범위하게 애용된 교과서였다.

책의 구성은 머리말과 부모와 자식의 관계를 서술한 〈부자유친(父子有親)〉, 임금과 신하의 관계를 서술한 〈군신유의(君臣有義)〉, 남편과 아내의 관계를 서술한 〈부부유별(夫婦有別)〉, 어른과 어린이의 관계를 서술한 〈장유유서(長幼有序)〉, 친구 사이의 관계를 서술한 〈붕우유신(朋友有信)〉, 한국과 중국의 역사를 서술한 〈총론〉의 총 6장으로 되어 있다.

《동몽선습》을 보면 서문 첫 줄에서부터 하늘과 땅의 모든 만물 중에서 가장 귀한 존재가 바로 사람이라고 강조한다. 그 이유는 바로 오륜이 있기 때문이고, 이 오륜을 알고도 실천하지 않으면 금수와 다를 바가 없다고 말한다.

사람과 사람이 만나면 '관계'가 이루어지고 그 관계 속에서 사랑(인仁)이 기본이 되어야 한다. 우리 선현들은 이 '사랑'을 매우 강조했다. 자신을 먼저 사랑하고 부모님을 사랑하고 형제를 사랑하라고 가르쳤다. 그 사랑을 바탕으로 해서 친구들을 사랑하고 주변 사람들을 사랑하고 사물들을 사랑하라는 것이다. 이렇게 인간관계의 유형을 5가지로 나누어 그 속에서 지켜야 할 질서와 윤리를 제시했다.

'부자유친'은 부모와 자식의 관계를 '친(親)'으로 규정한다. 먼저 부모는 자식을 사랑해야 하고 자식은 효도로서 보은해야 한다는 것이다.

'군신유의'는 임금은 신하를 예의로써 부리고 신하는 충성으로 임금을 섬겨야 한다는 뜻이다.

'부부유별'은 남편은 하늘의 도를 본받고 부인은 땅의 도를 본받아 서로의 인격을 존중해야 한다는 내용이다.

'장유유서'는 어른은 어린이를 사랑으로 대하고 어린이는 어른을 공경해야 하며, 형은 아우를 우애 있게 대하고 아우는 형을 공손하게 대해야 한다는 내용이다.

'붕우유신'은 친구란 덕을 함께 벗하는 관계이므로 곧고 신의가 있고 견문이 많은 벗을 사귀어야 한다는 내용이다.

《동몽선습》은 인간관계 사이에서 '정'과 '예의'가 사라져버린 오늘날, 아이들에게 반드시 가르쳐야 하는 인성을 길러주는 교재다.

아동교육 지침서
《소아수지》

6

《소아수지(小兒須知)》는 조선의 대학자 율곡 이이가 지은 단 한 권에 불과한 작은 분량의 책이다.《소아수지》는 책 제목 그대로 아이들이 반드시 알아야 할 책이다. 제목과 본문의 글자 수를 모두 합치면 164자에 불과하다. 순조 14년 1814년에 목판본으로 간행되었다. 현재《율곡전서》습유(拾遺: 빠진 부분을 모아 책으로 편집한 것) 제4권 〈잡저〉편에 수록되어 있다. 다만 율곡의 제자 박여룡의 집에 소장된 것이라는 사실을 확인할 수 있을 뿐 율곡이 이 책을 저술한 취지나 시기에 관해서는 알려진 것이 없다.

이 책의 내용은 크게 두 부분으로 구성되어 있다. 앞부분에는 17개로 된 예절과 몸가짐에 관한 구체적인 조목이 열거되어 있고, 뒷부분에는 벌을 주는 대원칙이 제시되어 있다.

책의 구체적인 내용으로는 교훈을 따르지 않고 마음을 다른 일에 쏟는 것, 부모가 시킨 일을 곧 시행하지 않는 것, 윗사람을 공경하지 아니하고 말을 포악하게 하는 것, 형제끼리 우애 있게 지내지 않고 서로 다투는 것, 음식을 서로 다투고 사양하지 않는 것, 다른 아이를 침해하고 업신여겨 서로 싸우는 것, 서로 경계를 받아들이지 않고 갑자기 화를 내는 것, 한가한 사람들과 시간을 보내며 일을 망치게 되는 것, 초서 쓰기를 좋아하여 난필로 종이를 더럽히는 것 등은 해서는 안 되는 행동이라고 가르치고 있다. 그리고 큰 잘못은 한 번이라도 하면 벌하고, 작은 잘못은 세 번 모아 벌한다는 것을 원칙으로 덧붙여 말한다.

아이들이 지켜야 할 위의 17가지 조항은 인륜교육, 식사예절, 몸가짐 교육, 마음가짐 교육, 독서 교육, 언어 교육, 쓰기 교육, 논벌에 관한 것이다.

율곡의 아동교육의 핵심은 바로 기본적인 생활습관 교육이다. 어린 시기에 형성된 습관은 성격이나 가치관 형성에 영향을 미칠 수 있기 때문에 어릴 때 교육할수록 성과가 높다. 율곡이 강조한 아이들의 초기 습관형성 교육 17가지 조항 내용 역시 일상생활 속에서 알고 실천해야 할 것들이다.

삶의 목표를
세우는 법과
실천을 가르쳤던
교육서
《격몽요결》

7

《격몽요결》은 율곡 이이가 학문을 시작하는 학생들을 가르치기 위해 만든 입문서다. '격몽(擊蒙)'이란 몽매한 사람의 지혜를 계몽하는 일을 뜻하고, '요결(要訣)'은 핵심적 내용을 의미한다.

율곡 이이는 한국 유학을 대표하는 조선 중기의 학자이자 교육사상가다. 율곡의 아동교육 관련 저작으로는 《소아수지》, 《성학집요(聖學輯要)》, 《학교모범(學校模範)》, 《격몽요결》 등이 있다. 이 중에서 《격몽요결》은 율곡이 학문을 처음 시작하는 이들을 위해 선조 10년 1577년에 저술한 그의 대표적인 책이다.

《격몽요결》은 학문을 시작할 때 먼저 뜻을 세우고, 몸을 삼가며 부모를 봉양하고, 타인을 예로 대하는 방법 등을 가르쳐 수신하고 도를 향하는 기초를 세우게 하기 위한 입문서다. 율곡은 "오래된 나쁜 습관을 버리지 못한 것을 근심하여 교재를 씀으로써 스스로를 경계하고 반성하는 자료로 삼고자 한다"고 이 책을 쓴 취지를 밝혔다.

이 책은 주자의 《소학》과 사서삼경(四書三經)를 바탕으로 해서 저술한 책이다. 《소학》과 《격몽요결》은 모두 학문 초보자들을 위한 것인데, 《소학》이 내용과 범위가 광범위하여 학문 초보자들이 모두 익히기에는 다소 어려움이 따르는 반면에 《격몽요결》은 그 체계가 논리정연하고 명료하게 서술되어 있어 초보자들이 익히기에 비교적 용이하다는 특징이 있다. 또한 《격몽요결》은 당시 우리의 실정에 맞고 현실에서 꼭 필요한 것들을 독자적으로 기술했기 때문에 우리의 주체성을 살리는 데 중요한 역할을 했다.

책의 내용을 구체적으로 살펴보면, 먼저 초보자들은 반드시 '성인(聖人)'이 되고야 말겠다는 '뜻을 세운다'는 입지장(立志章), '나쁜 습관을 버려야 한다'는 혁구습장(革舊習章), '올바른 몸가짐'을 강조한 지신장(持身章), '독서하는 방법과 순서'인 독서장(讀書章) 등으로 구성되어 있다. 이는 학습자에게 학문의 기본방향을 제시한 것이다. 또한 인간이 지켜야 할 도리와 예절로 '부모를 섬기는 도리'인 사친장(事親章), '상례(喪禮)'를 논한 상제장(喪制章), '제례(祭禮)'를 논한 제례장(祭禮章), '집안을 다스리는 요령'인 거가장(居家章), '사람을 대하는 방법'인 접인장(接人章), '처세의 원칙'인 처세장(處世章)으로 전체 10장으로 구성되어 있다.

율곡은 《격몽요결》 서문에서 "사람이 이 세상을 살아가면서 학문을 하지 않으면 바른 사람이 될 수 없다"고 하며 인성교육의 중요성을 강조했다.

그리고 '입지(立志)'교육을 강조했다. 사람은 무엇보다도 먼저 뜻을 세우는 일이 우선시되어야 한다. 인간으로서 가장 바른 삶이란 바로 사람답게 사는 것이다. 사람은 사람으로서 행해야 할 도리가 있다. 그 길이 바로 인도(人道)다. 율곡은 학문을 처음 시작하는 사람들에게 인도를 지키며 사는 것이 삶의 입지(立志)라고 강조했다. 즉, 학문을 하는 이유는 바로 사람다운 사람이 되기 위해서라는 말이다.

오늘날 우리 교육의 가장 큰 문제점이라고 한다면 아이들에게 공부하는 목적, 삶의 뜻을 바로 세우게 하는 과정이 없다는 것이다. 단순히 삶의 목표를 좋은 대학에 가고 좋은 직장을 얻어 돈을 많이 버는 것으로 정한다면 그것을 얻지 못했을 때는 낙오자가 되고 불행해질 수밖에 없다. 설사 그것을 이루었다 해도 결국 삶이 공허해지게 된다. 이것이 바로 우리 사회가 겪고 있는 문제점이기도 하다. 따라서 아이들의 미래에 대한 목표설정 교육을 강화하여 삶의 의미를 바로 알게 할 필요가 있다.

품격 있는
사람으로
길러주는
인성교육서
《사소절》

8

《사소절(士小節)》은 조선 후기 학자 아정 이덕무가 1775년
에 지은 책으로 일상생활에서 도덕적 수양을 위해 가져야 할 마음가짐
과 몸가짐에 대한 행동규범을 담은 생활예절 지침서이자 수신서다. 특
히 평상시 생활에서 스스로 옳고 그름을 분별하여 이를 충분히 체득
해야 함을 주장했다.

이 책에서는 "어린이를 교육함에 있어 오직 효제(孝悌), 충신(忠信),
예의(禮義), 염치(廉恥)를 위주로 하고, 가꾸고 함양하는 방법에 있어서
는 시를 노래하도록 유도하고 예절을 익히도록 하여 사람으로서 지켜
야 할 바른 도리를 지키게 하고, 글을 읽도록 유도하여 분별할 수 있는
능력을 일깨우게 해야 한다"고 교육 내용을 밝히고 있다.

《사소절》은 크게 세 부분으로 구성되어 있다. 〈사전(士典)〉은 남자의 예법, 〈부의(婦儀)〉는 여자의 예절, 〈동규(童規)〉는 어린이 생활규범을 설명하고 있다. 그는 이러한 내용을 통해서 "작은 예절을 지켜서 허물을 적게 하면 대의(大義, 사람으로서 마땅히 지키고 행하여야 할 큰 도리)에 나아갈 수 있다"고 주장했다.

이덕무는 아이들에게 사람으로서의 도리와 예절을 가르치는 방법으로 시가(詩歌), 즉 시와 노래를 강조했다. 여기에서 특히 주목해야 할 부분은 전통교육에서도 아이들의 흥미 유발을 강조했다는 것과 이를 위해 시와 노래를 활용했다는 점이다. 이는 오늘날 아동교육 방법론 중의 하나인 놀이를 통한 학습법 '에듀테인먼트(edutainment)'와 일맥상통한다. 어린이 교육은 흥미롭고 즐거운 마음이 앞서야 아이들의 집중력과 창의성 향상에 도움이 된다.

이덕무는 "시를 노래하는 데는 몸가짐을 바르게 하고 기운을 안정시켜야만 맑고 명랑하여 소리와 음이 고르니 그 음절과 가락을 살펴 조급하지 말고, 크고 시끄럽게 하지 말고, 굶주리거나 두려운 것처럼 하지 말아야 한다. 이것을 오래 연습하면 정신이 상쾌해지고 마음이 평안해질 것이다"라고 역설했다.

그의 교육방법론의 주된 목표는 시와 노래로 아이들의 마음을 흥기시키도록 유도해 아이들로 하여금 예절을 익히도록 하고, 이를 통해 아이들이 행동을 조신하게 하는 것이었다.

떡잎부터 좋은 인성을 만들어주는 지침서
《태교신기》

제4장

66

아버지가 자식을 낳는 것, 어머니가 자식을 기르는 것,
스승이 자식을 가르치는 것은 하나다.
명의는 병이 생기기 전에 다스리는 것처럼
좋은 가르침은 태어나기 전에 가르치는 것이다.
그러므로 스승이 십 년 가르치는 것도
어머니가 배 속에 있을 때 열 달 잘 기르는 것만 못하며,
어머니가 배 속에서 열 달 기르는 것도 아버지가 하룻밤 낳는 것만 못하다.

–《태교신기》

99

아이의
인성 씨앗은
부모의 태교에서
만들어진다

1

현대사회는 급격한 변화로 인해 매우 다양한 가족 형태를 보이고 있다. 가족의 변천사를 살펴보면 과거에는 몇 대가 모여 사는 대가족에서 점차 핵가족으로 바뀌었고, 오늘날은 핵가족을 넘어 1인 가구가 점차 증가하고 있으며, 미래에는 1인 가구가 일반적인 형태가 될 것으로 보인다.

가족은 부부를 중심으로 한집안을 이루는 사람들을 말하며, 가장 기초적인 공동체 단위이기도 하다. 아직까지는 통계상 부부와 자녀 가구가 상당 부분을 차지하고 있지만, 한 연구보고서에 따르면 2035년에는 1인 가구가 전체 인구의 34퍼센트를 육박해 가정의 표준이 되는 시대가 온다고 한다. 1인 가구의 증가로 인해 '나홀로족', '싱글족' 등의 신조어가 등장했으며, 가족 해체와 저출산 문제 등의 사회문제가 발생하고 있다. 이러한 사회적 문제로 인해 '태교'는 우리에게 더욱 낯선 용어가 되어가고 있다. 그러나 인류가 지속되는 한 임신과 출산은 인간 사회에서 끊임없이 일어나는 중요한 활동이 될 것이다. 따라서 임신한 여성들에게 태교는 매우 중요한 관심사가 아닐 수 없다.

태교는 부모가 태아에게 좋은 영향을 주기 위해 마음과 행동을 삼가는 일을 말한다. 또한 부모가 배 속 아기에게 할 수 있는 첫 교육인 동시에 좋은 부모가 되기 위해 가장 먼저 배워야 할 공부다. 특히 동양사회에서는 예로부터 태교를 매우 중시해왔다.

우리나라 최초의 태교 단행본인 이사주당의 《태교신기》는 태교에 관한 모든 내용이 집약된 '인성의 고전'이라 할 수 있다. 《태교신기》는 부성태교부터 모성태교, 그리고 임신부가 행해야 할 행동거지 등에 대해 상세하게 다루고 있다. 《태교신기》에서 언급하고 있는 태교의 방법은 자칫 임신부로 하여금 고강도의 수행을 설명하는 것처럼 비칠 수도 있지만, 실제로는 그렇지 않다.

이 책은 임신한 여성이 임신으로 인한 신체 변화를 인식하고 일상에서 행해야 할 행동거지에 대해 상세히 서술하고 있다. 특히 전통적인 태교에서는 일상에서 주의하고 또 삼가야 하는 것들을 중심으로 하여 제시하고 있다. 태교는 부모의 몸과 마음에서부터 시작되는 것이며, 특히 임신부는 마음과 행동을 어떻게 조절하는지가 중요하다. 이사주당은 《태교신기》를 통해 임신부가 마음과 행동에서 태교를 성실하게 실천한다면 인성의 씨앗이 단단한 아이가 태어나는 것은 분명하다고 밝혔다.

이는 오늘날 화두가 되고 있는 '인성교육'을 언제 시작해야 하는지에 대한 답이 될 수 있다. 일반적으로 인성교육은 가소성이 풍부한 유아기에 시작하라고 강조하고 있지만,《태교신기》에서는 그보다 앞선 '태아기'부터 시작해야 한다고 말하고 있다. 태교는 부모가 임신을 함과 동시에 온전한 '사람됨'의 의미를 깨닫는 과정을 포함하고 있기 때문이다. 그것을 통해 자연스럽게 바른 인성이 형성되기 시작된다고 볼 수 있다.《태교신기》제1장 1절도 그러한 내용으로 시작하고 있다.

《명심보감》〈계성〉편에서는 "사람의 성품은 물과 같아서 물이 한 번 기울면 회복할 수 없듯이 성품이 한 번 방종해지면 돌아올 수 없으니 물을 제어하려는 자는 반드시 제방으로써 해야 하고 성품을 제어하려는 자는 반드시 예법으로써 해야 한다"라고 했다.

물과 같이 사람도 한번 비뚤어지면 바로 서기 쉽지 않다. 그러므로 예(禮)로써 사람으로서의 길을 성실하게 걸어가야 한다. 예는 마음에서부터 자연스럽게 흘러나와야 한다. 그래서 임신부는 배 속 아이가 올바른 인성을 갖추어나갈 수 있도록 성실한 마음으로 태교를 해야 한다.

이처럼 태아기 교육은 인성교육의 출발점이며, 인성의 씨앗이 만들어지는 과정이라 할 수 있다.

임신부의 모든 것이
태아에게 크게
영향을 미침을 일깨우는
《태교신기》

2

《태교신기》는 조선 후기 실학자이자 한글학자인 유희의 어머니인 사주당 이 씨가 지은 단행본으로, 임신부에 대한 지침서이며 전통적인 산전관리 교육서다. 이 책은 의학적 이론과 함께 구체적인 방법을 체계화한 것으로 임신부가 보고, 듣고, 먹고, 마시고, 생각하고, 느끼는 모든 것이 그대로 태아에게 영향을 미친다는 사실을 강조하고 있다. 《태교신기》는 총 10장으로 구성되어 있는데 내용을 살펴보면 다음과 같다.

제1장은 총 6절로 이루어져 있으며 여기에서는 태교의 필요성과 원리, 부부간의 예절, 아버지 태교의 중요성, 부모 태교의 중요성 등에 대해 말하고 있다.

人生之性(인생지성) 本於天(본어천) 氣質成於父母(기질성어부모) 氣
質(기질) 偏勝(편승) 馴至于蔽性(순지어폐성) 父母生育(부모생육) 其
不謹諸(기불근저)

사람의 성품은 하늘을 근본으로 하고, 기질은 부모에 의해서 만들
어진다. 기질이 치우치게 되면 점점 성품을 가리게 되니 부모가 낳
고 기르는 문제를 어찌 깊이 생각하고 조심하지 않을 수 있겠는가.

《태교신기》에서는 사람이 타고나는 성품은 하늘이 내리는 것이지
만, 기질은 부모에 의해서 형성되는 것이라고 했다. 한 아이의 성품과
기질이 이미 배 속에서부터 결정된다고 말하며 태교가 중요하다고 강
조하고 있다. 따라서 부모는 태아로 하여금 그 기질을 선하게 이끌 수
있도록 교육하는 것이 무엇보다 중요하다. 이는 태아기에 반드시 인성
교육을 시작해야 함을 의미한다.

父生之(부생지) 母育之(모육지) 師教之(사교지) 一也(일야) 善醫者
(선의자) 治於未病(치어미병) 善斆者(선효자) 斆於未生(효어미생) 故
(고) 師教十年(사교십년) 未若母十月之育(미약모십월지육) 母育十月
(모육십월) 未若父一日之生(미약부일일지생)

아버지가 자식을 낳는 것, 어머니가 자식을 기르는 것, 스승이 자식
을 가르치는 것은 하나다. 명의는 병이 생기기 전에 다스리는 것처
럼 좋은 가르침은 태어나기 전에 가르치는 것이다. 그러므로 스승
이 십 년 가르치는 것도 어머니가 배 속에 있을 때 열 달 잘 기르는

것만 못하며, 어머니가 배 속에서 열 달 기르는 것도 아버지가 하룻
밤 낳는 것만 못하다.

인간이 세상에 태어나 온전한 사람으로서의 역할을 수행하기까지
많은 시간과 노력이 필요하다. 여기에는 부모와 스승이 매우 중요한
역할을 한다. 또한 무엇보다 중요한 것은 아이에게 단단한 인성 씨앗
을 물려주는 것이다.

위에서 '아버지의 하룻밤 낳음'이란 평상시 아버지의 수신이 중요
함을 의미한다. 아버지의 수신을 통해 아이에게 건강한 인성의 씨앗
이 전해진다는 말이다. 여기에 살과 피를 붙여서 기르는 것이 어머니
의 역할이고, 이것을 기본으로 하여 태어난 뒤 행동으로 이끄는 것이
스승의 역할이다. 따라서 한 생명이 온전하게 자라기 위해서는 부모와
스승의 삼위일체 과정이 중요하다.

제2장은 총 2절로 이루어져 있으며, 여기에서는 태(胎)의 중요성과
태교의 효과를 설명하고 있다.

胎於南方(태어남방) 其口闊(기구괄) 南方之人(남방지인) 寬而好仁
(관이호인) 胎於北方(태어북방) 其鼻魁(기비괴) 北方之人(북방지인)
倔強而好義(굴강이호의) 氣質之德也(기질지덕야) 感而得乎十月之
養(감이득호십월지양) 故(고) 君子必愼之爲胎(군자필신지위태)
남방에서 아이를 배고 낳으면 그 아이의 입이 크니 남방 사람은 너
그럽고 어진 것을 좋아하며, 북방에서 아이를 배고 낳으면 그 아이

의 코가 높으니 북방 사람은 굳세고 의리를 좋아하는 기질의 덕이 있다. 이런 환경에 감응해서 열 달 동안 길러지는 것이기 때문에 군자는 반드시 태를 위해서 조심해야 한다.

"인간은 환경의 동물이다"라는 말이 있듯이 사람은 주변 환경에 많은 영향을 받기도 하고 또 주기도 한다. 특히 임신부가 보고 듣고 먹고 마시고 하는 모든 일은 태아에게 영향을 미친다. 그래서 임신부는 몸가짐과 마음가짐을 바르게 가지도록 해서 태아에게 좋은 영향을 주도록 해야 한다.

제3장은 총 3절로 나눠져 있으며, 여기에서는 사람이 태교를 반드시 해야 하는 이유에 대해 말하고 있다.

夫獸之孕也(부수지잉야) 必遠其牡(필원기모) 鳥之伏也(조지부야) 必節其食(필절기식) 果臝化子(과라화자) 尚有類我之聲(상유류아지성) 是故(시고) 禽獸之生(금수지생) 皆能肖母(개능초모) 人之不肖(인지불초) 或不如禽獸(혹불여금수) 然後(연후) 聖人有怛然之心(성인유달연지심) 作爲胎敎之法也(작위태교지법야)

무릇 짐승이 새끼를 배면 반드시 수놈을 멀리하고, 새가 알을 품으면 반드시 먹는 것을 절제하고, 나나니벌이 새끼를 만드는 데는 오히려 '나를 닮으라'는 소리를 낸다. 그래서 금수가 태어나면 모두 어미를 닮는데, 사람이 (어미를) 닮지 못한 것은 금수만도 못하므로 성인이 그것을 슬프게 여기시어 태교의 방법을 만드셨다.

임신부의 배 속 아이를 위하는 마음은 본능이다. 그런데 이러한 본능은 짐승에게도 존재한다. 이사주당은 만약 태교를 하지 않으면 사람이 오히려 짐승보다 못한 성정을 가질 수도 있다고 보았다. 짐승도 새끼를 배면 수놈을 멀리하고 조심하는데, 하물며 사람은 임신 기간 중에 더욱 주의해야 한다고 강조했다.

제4장은 총 14개의 절로 구성되어 있으며, 임신부가 태교를 행하는 방법들을 구체적으로 밝히고 있다. 임신부가 눈으로 보는 법, 귀로 듣는 법, 마음가짐, 말하는 법, 거처와 양생법, 일하는 법, 앉고 움직이는 법, 섭생법, 해산할 때 주의해야 할 것 등이 구체적으로 서술되어 있다.

養胎者(양태자) 非惟自身而已也(비유자신이이야) 一家之人(일가지인) 恒洞洞焉(항동동언) 不敢以忿事聞(불감이분사문) 恐其怒也(공기노야) 不敢以凶事聞(불감이흉사문) 恐其懼也(공기구야) 不敢以難事聞(불감이난사문) 恐其憂也(공기우야) 不敢以急事聞(불감이급사문) 恐其驚也(공기경야) 怒令子病血(노령자병혈) 懼令子病神(구령자병신) 憂令子病氣(우령자병기) 驚令子癲癇(경령자전간)

태아를 기르는 일은 임신부 자신뿐만이 아니라 온 가족이 항상 조심하고 또 조심해야 한다. 감히 화나는 일을 들려주지 않는 것은 분노할까 염려하는 것이다. 감히 흉측한 일을 들려주지 않는 것은 두려워할까 염려하는 것이다. 감히 어려운 일을 들려주지 않는 것은 걱정할까 염려하는 것이다. 감히 긴급한 일을 들려주지 않는 것은 놀랄까 염려하는 것이다. 분노는 태아의 피를 병들게 하고, 두려움은 태아의 정신을 병들게 하며, 걱정은 태아의 기를 병들게 하고, 놀람은 태아가 경련을 일으키게 한다.

태교는 임신부뿐 아니라 집안 식구들이 함께 협조해야 하는 일이다. 따라서 임신부가 화나는 일, 두려운 일, 어려운 일, 긴급한 일들을 겪지 않도록 주의해야 한다. 특히 현대인들은 하루가 다르게 변하는 환경 속에서 살아가고 있다. 일반인도 변화무쌍한 환경에 적응하는 일이 쉽지 않은데 임신부들은 그것이 더욱 크게 느껴진다. 그래서 사회적으로 임신과 출산의 중요성을 알리기 위한 '임신부의 날(10월 10일)'을 제정하고, 임신부를 위한 배려석도 마련해 그들을 보호하기 위한 캠페인을 실시하는 것이다. 그러나 무엇보다 사회 구성원들의 임신부에 대한 마음 배려가 우선시 되어야 한다.

姙婦端坐(임부단좌) 無側載(무측재) 無恃壁(무시벽) 無箕(무기) 無踞(무거) 無邊堂(무변당) 坐不取高物(좌불취고물) 立不取在地(입불취재지) 取左不以右手(취좌불이우수) 取右不以左手(취우불이좌수) 不肩顧(불견고) 彌月(미월) 不洗頭(불세두) 姙婦坐動(임부좌동)
임신부는 단정하게 앉고, 옆으로 기울이지 말고, 벽에 기대지 말며, 다리를 뻗고 앉지 말며, 걸터앉지 말며, 마루의 가장자리에 앉지 말며, 앉아서 높은 곳에 있는 물건을 내리지 말며, 서서 땅에 있는 것을 잡지 말며, 왼쪽에 있는 것을 오른손으로 잡지 말며, 오른쪽에 있는 것을 왼손으로 잡지 말며, 어깨 뒤로 돌아보지 말며, 해산달이 되면 머리를 감지 말아야 한다. 이것이 임신부의 앉는 자세와 움직이는 방법이다.

여기에서는 임신부가 거동할 때 주의해야 할 사항을 서술하고 있다. 11개의 조항으로 되어 있는데, 앉을 때의 자세 5개, 움직일 때의 자세 6개로 분류해 제시하고 있다. 임신부는 거동이 힘들기 때문에 앉아서 생활하는 시간이 상당히 긴 편이다. 중요한 점은 임신부는 앉아 있을 때도 긴장감을 늦춰서는 안 된다는 것이다. 그 이유는 무리가 가는 자세만으로도 태아에게 직접적으로 영향을 미치기 때문이다. 이사주당이 제시하는 태교의 방법들은 특별한 비법이 아니라 일상생활 속에서 바르고 조심스럽게 행동하는 지침이다.

제5장은 총 3개의 절로 이루어져 있으며, 여기에서는 태교의 중요성을 거듭 강조하면서 태교를 반드시 행하도록 권장하고 있다.

不知胎教(부지태교) 不足以爲人母(부족이위인모) 必也正心乎(필야정심호) 正心有術(정심유술) 謹其見聞(근기견문) 謹其坐立(근기좌립) 謹其寢食(근기침식) 無襍焉則可矣(무잡언즉가의) 無襍之功(무잡지공) 裕能正心(유능정심) 猶在謹之而已(유재근지이이)
태교를 알지 못하면 사람의 어미가 될 자격이 부족하니, 반드시 마음을 바르게 해야 한다. 마음을 바르게 하는 방법은 보고 듣는 것을 삼가고, 앉고 서는 것을 삼가며, 자고 먹는 것을 삼가며, 잡스럽지 않으면 된다. 잡스럽지 않도록 노력하면 충분히 마음을 바르게 할 수 있는데, 그것은 '삼감'에 있을 뿐이다.

태교는 임신부의 마음을 바르게 하는 것이다. 마음을 바르게 하기
위해서는 항상 삼가는 자세가 기본이 된다. 따라서 태교에서 가장 중
요한 점은 바로 '삼감(謹)'이다. '삼가다'의 의미는 임신부 자신의 욕구
를 조절하고 절제하는 것이다. 이처럼 절제하는 과정에서 마음이 바르
게 되고, 그것이 곧 태교의 중요한 방법론이다. 여기에서 간과하지 말
아야 할 점이 있다. 요즘에는 '절제'나 '삼감'이 자칫 스트레스를 주는
요인으로 오인될 수도 있다. 하지만 우리 일상 속에서 욕구가 욕심인
지 아니면 하고자 하는 순리인지를 구분해 절제하고 삼가는 마음가짐
을 가질 필요가 있다.

제6장에서는 태교를 행하지 않아 발생하는 점을 보여주고 있다.

養胎不謹(양태불근) 豈惟子之不才哉(기유자지부재재) 其形也不全
(기형야부전) 疾也孔多(질야공다) 又從而墮胎難産(우종이타태난산) 雖
生而短折(수생이단절) 誠由於胎之失養(성유어태지실양) 其敢曰(기감
왈) 我不知也(아부지야) 書曰(서왈) 天作孽猶可違(천작얼유가위) 自
作孽不可逭(자작얼불가환)

태아를 기를 때 삼가지 않으면 어찌 자식의 재주가 없는 것뿐이겠
는가. 그 형체도 온전하지 못하고, 질병도 매우 많아지며, 또 그 때
문에 낙태나 난산을 할 수 있다. 비록 낳아도 일찍 죽게 될 수 있으
니, 이는 정성을 다해 태아를 기르는 것을 소홀히 함에서 말미암은

것이다. 그런데도 감히 "나는 알지 못한다"라고 말할 수 있겠는가. 《서경》에 이르기를 "하늘이 내린 재앙은 피할 수 있으나 스스로 지은 재앙은 피할 도리가 없다"고 하였다.

여기에서는 태교를 하지 않음으로 인해 초래되는 결과를 서술하면서 반드시 태교를 하라고 권하고 있다. 태교를 하는 이유는 아이가 온전하게 태어나 건강하고 행복한 삶을 살아가도록 하기 위해서다. 따라서 태교는 한 아이의 일생을 결정지을 수 있는 단초가 되는 동시에 건강한 아이가 되도록 하기 위한 첫걸음이라 해도 과언이 아니다.

제7장은 총 2개의 절로 구성되어 있으며 태아를 위해 미신, 사술을 경계하라는 내용이 담겨 있다.

今之姙子之家(금지임자지가) 致瞽人巫女(치고인무녀) 符呪祈禳(부주기양) 又作佛事(우작불사) 舍施僧尼(사시승니) 殊佛知(수부지) 邪僻之念(사벽지념) 作而逆氣應之(작이역기응지) 逆氣成象(역기성상) 而罔攸吉也(이망유길야)

요즘 임신부가 있는 집에서는 소경이나 무당을 불러 부적을 지니고 빌며 푸닥거리를 하거나, 또 불사를 열어서 승려와 비구니에게 시주하는데, 이것은 사벽한 생각이니 그런 생각이 일어나서 나쁜 기운이 응하게 되고, 나쁜 기운이 형상을 이루면 좋을 것이 없다는 것을 알지 못하기 때문이다.

임신부는 항상 좋은 환경을 접하도록 해야 한다. 임신 자체만으로도 임신부는 불안하고 우울해지기 쉽기 때문이다. 따라서 임신부는 긍정적인 것만 듣고 보고 경험해야 한다. 태아에게 좋지 않은 기운이 전해지지 않도록 삼가야 하며, 옳고 그름을 분별하는 마음을 가져야 한다. 옳지 않은 생각을 하게 되면 기운이 바르지 않게 되고, 그 기운으로 형상이 만들어지는 것이므로 태아를 위해서 피해야 한다.

제8장은 총 2개의 절로 구성되어 있으며, 태교의 이치를 증명하는 내용으로 이루어져 있다.

醫人(의인) 有言曰(유언왈) 母得寒兒俱寒(모득한아구한) 母得熱兒俱熱(모득열아구열) 知此理也(지차리야) 子之在母(자지재모) 猶瓜之在蔓(유과지재만) 潤燥生熟(윤조생숙) 乃其根之灌(내기근지관) 若不灌也(약불관야) 吾未見母身不攝而胎能養(오미견모신불섭이태능양) 胎不得養而子能才且壽者也(태부득양이자능재차수자야)

의원들이 하는 말에 따르면, 어미가 한증에 걸리면 태아도 한증을 갖게 되고, 어미가 열병에 걸리면 태아도 열병을 갖게 된다고 한다. 이 이치로 자식이 어미 배 속에 있는 것은 오이가 덩굴에 달려 있는 것과 같은 것임을 알게 된다. 윤기가 있거나 건조하거나 설고 익음이 바로 그 뿌리에 수분을 공급하고 못하는 데 달려 있는 것처럼, 어미의 몸을 조섭하지 못하면서 태아를 잘 길러내거나, 태아를 잘 길러내지 못하면서도 자식이 재주 있고 또 오래 사는 것을 나는 아직 보지 못하였다.

태아는 어머니의 체질을 이어받기에 임신부는 알맞은 섭생을 하고 좋은 상태를 갖도록 노력해야 한다. 여기에서는 태아와 어미는 덩굴에 달린 오이처럼 서로 연결되어 있기 때문에 태교를 하면서 항상 삼가고 조심해야 함을 강조하고 있다. 다시 말해, 임신부의 몸은 태아에게는 뿌리와 같은 역할을 한다. 무엇보다도 태아를 잘 길러야 하는 이유는 소중한 생명을 만들어가는 과정이기 때문이다.

제9장에서는 성현들이 행한 태교의 실제 예를 인용하고 있다.

胎之不敎(태지불교) 其惟周之末(기유주지말) 廢也(폐야) 昔者(석자) 胎敎之道(태교지도) 書之玉版(서지옥판) 藏之金櫃(장지금궤) 置之宗廟(치지종묘) 以爲後世戒(이위후세계) 故(고) 太任(태임) 娠文王(신문왕) 目不視邪色(목불시사색) 耳不聽淫聲(이불청음성) 口不出敖言(구불출오언) 生文王而明聖(생문왕이명성) 太任(태임) 敎之(교지) 以一而識百(이일이식백) 卒爲周宗(졸위주종) 邑姜(읍강) 姙成王於身(임성왕어신) 立而不跛(립이불피) 坐而不蹉(좌이불차) 獨處而不踞(독처이불거) 雖怒而不詈(수노이불리) 胎敎之謂也(태교지위야)

태교를 가르치지 않게 된 것은 주나라 말기에 그것을 폐하고서부터다. 옛날에는 태교의 도리를 옥판에 써서 금으로 된 궤짝에 넣어 종묘에 두고 후세에 알리도록 하였다. 그러므로 태임이 문왕을 임신했을 때 눈으로는 부정한 색을 보지 않고, 귀로는 음란한 소리를 듣지 않으며, 입으로는 오만한 말을 하지 않아 문왕을 낳으니 총명하고 성스러워 태임이 한 가지를 가르치면 백 가지를 알아 마침내 주나라의 왕이 되었다. 읍강은 성왕을 임신했을 때 서 있을 때는 기대지 않고, 앉을 때는 넘어지지 않게 하고, 혼자 있을 때도 걸터앉거나 하지 아니하며, 비록 화가 나더라도 꾸짖지 않았다 하니, 이것이 태교를 말함이다.

예로부터 태교는 국가적으로 장려하는 일이었다. 한 사람을 길러내는 일은 개인에 국한시켜서는 안 된다고 보았기 때문에 태교를 선택이 아니라 필수로 인식하도록 했다. 하지만 현대사회는 임신과 출산 자체를 국가적인 일이 아닌 한 개인의 일로 간주한다. 그러나 온전한 사람을 길러내는 일은 국가적 지원과 사회적 공감대가 어우러져야 하며 거기에 개인의 노력이 더해져야 하는 일이다. 전통사회에서는 만약 태교를 충실하게 한다면 올바른 인성씨앗을 가진 아이가 태어나는 일은 당연하며, 그런 아이들이 사회 구성원이 되는 사회는 안정적으로 유지된다고 보았다. 이것이 바로 옛사람들의 지혜라 할 수 있다.

제10장은《태교신기》의 마지막 장으로, 여기에서는 태교의 취지를 거듭 강조하고 있으며 부모가 될 남녀의 교육을 강조하고 있다.

胎教(태교) 曰素成(왈소성) 爲子孫(위자손) 婚妻嫁女(혼처가녀) 必擇
孝悌(필택효제) 世世有行義者(세세유행의자) 君子之教(군자지교) 莫
先於素成(막선어소성) 而其責(이기책) 乃在於婦人(내재어부인) 故
(고) 賢者(현자) 擇之(택지) 不肖者(불초자) 教之(교지) 所以爲子孫
慮也(소이위자손려야) 苟不達聖人道者(구부달성인도자) 其孰能與之

(기숙능여지)

(가의 《신서》) 〈태교〉편에서 말하기를 바탕을 이룬다는 것은 자손을 위해서니 아내를 맞이하고 딸을 출가시키는 데는 반드시 효성스럽고 공손하며, 대대로 옳은 일을 행함이 있는 자를 선택해야 한다고 했다. 군자의 교육은 바탕을 이루는 것보다 나은 것이 없으며, 그 책임은 바로 부인들에게 있기 때문에 어진 사람을 택하고, 모자란 사람을 가르치는 것은 자손을 염려하는 까닭이다. 진실로 성인의 도리를 생각하지 못하는 사람이라면 그 누가 함께하려고 하겠는가.

어머니와
아버지가
함께하는
태교를 강조한
전통 태교

3

태교는 인간이 태어나기 전 부모에게서 정신과 육체를 받아 한 인간으로서의 근본이 가꾸어진다는 의미를 담고 있다.

20세기 이후 서양에서도 산부인과학의 발달로 태교가 아이의 품성과 뇌 발달 등에 지대한 영향을 미친다는 사실을 규명했다.

앞에서 살펴보았듯이 《태교신기》에서도 제1장에서 "사람의 성품은 하늘을 근본으로 하고, 기질은 부모에 의해서 만들어진다. 기질이 치우치게 되면 점점 성품을 가리게 되니 부모가 낳고 기르는 문제를 어찌 깊이 생각하고 조심하지 않을 수 있겠는가"라고 인간의 성품과 기질이 부모에 의해 형성됨을 말하고 있다.

배 속의 아기는 모체와 탯줄이 이어져 있어서 어머니의 호흡에 따라 함께 움직이므로 기뻐하고 성내는 것은 태아의 성품이 되고, 어머니의 보고 듣는 것은 태아의 총명함이 되며, 어머니의 춥고 따뜻함은 태아에게는 체온이 되며, 어머니가 먹는 음식은 태아의 살과 피부가 되므로 조심하지 않을 수 없다.

우리 선조들은 어머니와 배 속의 아기는 일심동체라 생각하여 임신한 어머니는 몸가짐, 마음가짐을 올바르게 하여 신체적, 심리적, 정서적으로 태아에게 좋은 영향을 주도록 했다. 어머니와 아이를 각각의 개체가 아닌 하나의 몸으로 보았던 것이다. 이처럼 어머니와 자식의 '한마음' 사상을 근본으로 하여 임신부의 행동, 자세, 섭생, 언행 등이 태아에게 전달되면서 일차적으로 태아의 선한 기질이 형성된다고 믿었다. 실제 대부분의 태교에 관한 문헌은 공통적으로 임신부는 온화하고 단정한 기운을 가지도록 해야 한다고 강조하는데 이와 같은 이유에서다. 작은 씨앗 하나가 모든 것의 시작이 되듯이 배 속의 아기는 이 시기에 반드시 올바른 교육이 필요하다.

전통사회에서의 태교는 유학이 본격적으로 보급되고 실천되었던 일환으로 볼 수 있으며, 태교의 궁극적인 인간상과 기질 형성의 원리 등은 유교의 도덕적 인간상, 수신 방법과 크게 다르지 않았다. 율곡의 《성학집요》〈정가〉편 '교자(敎子)', 《소학》〈계고〉편, 《태교신기》 등의 태교 서적을 살펴보면 모두 선현의 언행을 실증하고 경전의 예법을 참고하여 태교에 대해 언급하고 있다.

부모는 아이에게 '첫 번째 교사'라 할 수 있다. 《태교신기》를 보면 "스승이 십 년 가르치는 것도 어머니가 배 속에 있을 때 열 달 잘 기르는 것만 못하며, 어머니가 배 속에서 열 달 기르는 것도 아버지가 하룻밤 낳는 것만 못하다"라고 하여 전통사회에서는 아버지와 어머니 양친의 태교를 강조했음을 알 수 있다.

이처럼 스승의 십 년 가르침이 어머니가 열 달 배 속에서 잘 기르는 것만 못하고, 어머니의 배 속에서 열 달 기름이 아버지가 아이를 만드는 하룻밤의 바른 마음가짐을 갖는 것만 못하다고 하여 아버지의 건강과 마음가짐, 행동거지를 중요시했다. 하지만 태교의 상당 부분은 어머니에게 초점을 맞추어 임신부의 교육을 강조하고 임신부의 절제를 요구했다.

또한 '어머니의 열 달 기름'은 태교를, '스승의 십 년 가르침'은 출산 후에 이루어지는 교육을 뜻하는 것으로, 이미 형성된 선한 기질과 형체는 생후 이루어지는 교육에 비해 큰 교육효과가 있으며 고착성을 가진다는 것을 역설하고 있다.

우리는 어머니 배 속에서부터 교육이 시작된다고 본 전통교육의 태교를 통해 오늘날 교육에서 일어나고 있는 여러 가지 문제의 궁극적 해결책을 찾을 수 있을 것이다.

평생을 좌우할 바른 생활습관을 길러주는
《사자소학》

제5장

"

일은 반드시 여쭈어 행하고 감히 자기 멋대로 하지 말라.
한 번이라도 부모님을 속이면 그 죄가 산과 같다.

– 《사자소학》

"

조선의 아이들에게 체계적인 인성 갖추기를 가르쳤던 《사자소학》

1

학생들의 학교폭력과 왕따 문제가 심각한 사회 문제로 대두되면서 인성을 기를 수 있는 체계적인 교육의 필요성이 부각되고 있다. 그중 가장 기초가 되는 교육이 바로 아동기 교육이다.

컴퓨터, 오락기, 스마트폰을 친구 삼아 지내는 우리 아이들에게 사람이 살아가는 데 꼭 필요한 상대는 기계가 아니라 '사람'이라는 사실을 인식시키는 교육이 필요하다. 사람의 소중함을 알아야 자신도 소중하게 여기는 마음이 생기고 더불어 다른 사람도 귀하게 여길 줄 알게 된다. 그렇게 되면 학교에서 자행되고 있는 왕따 문제도 해결해나갈 수 있다.

사람은 누구나 남들에게 대접받기를 원한다. 만약 자신은 다른 사람을 배려하고 귀하게 여기지 않으면서 대접만 받고 싶어 한다면 그것은 사람의 도리가 아니다. 그래서 사람과 사람 사이에는 지켜야 할 기본 예절이 있다. 가장 가까운 가족 간에도 예절을 지켜야 화목한 가정을 이룰 수 있고, 친지나 친구도 상대를 존중하고 배려하는 예의가 있어야 관계를 유지할 수 있다. 인간사에서 지식보다는 따뜻한 마음이 우선이라는 사실은 누구나 경험해보았을 것이다.

오랜 세월 아동교육의 기초였던 《사자소학》은 갈수록 거칠어져 가는 아이들의 인성교육을 위한 좋은 모델이다. 조선 500년 역사에서 위대한 인물들은 대부분 이 책을 배우고 몸소 실천해 성공한 사람들이다. 성균관 문묘에 배향되어 500년 동안 추앙받고 있는 조선 전기 성리학자 김굉필 선생은 평생 《소학》을 옆에 두고 그것을 실천해 성공한 사례로 '소학동자'라는 별명을 갖고 있었다. 또한 전국에 산재해 있는 100여 종가의 자녀교육도 글자공부보다 먼저 예절을 가르치면서 수백 년 역사를 지켜낼 수 있는 원동력을 키웠다고 한다.

《사자소학》은 조선시대에 정리된 책으로, 소학에 기초를 두고 어린이들이 인성교육과 한자 학습을 동시에 익히도록 만든 책이다. 중국 송나라 유학자 주자와 그의 제자 유청지가 지은 《소학》과 기타 경전 중에서 아이들이 알기 쉬우면서 꼭 실천해야 할 도덕규범과 예절의 내용들을 뽑아 사자일구(四字一句)로 엮어 《사자소학》이라는 이름이 붙었다. 그러나 저자는 알려져 있지 않고, 지어진 시기도 분명하지 않다. 책의 내용을 보면 오랜 시간 다양한 지역에 걸쳐 여러 사람이 정리했다고 추측된다.

《사자소학》은 오륜, 즉 사람이 지켜야 할 다섯 가지 도리를 기초로 하고 있다. 크게 효행, 형제, 사제(師弟), 붕우, 수신의 5개 주제로 구성되어 있다.

그 구체적인 내용은 먼저 자식은 자신을 세상에 존재하게 해주신 부모님의 은혜를 알아야 하고 또한 부모님이 주신 사랑을 효로써 보답하며 사람이 사람답게 살기 위해 행해야 할 것들이 무엇인지를 깨닫도록 하는 것이다. 또한 형제자매는 우애 있게 지내야 하고, 스승의 은혜에 감사하는 마음을 가지며, 장유관계의 질서를 인식하는 것이다. 그리고 친구관계에서는 신뢰가 바탕이 되어야 함을 알고 사람이 사람으로서 가져야 하는 마음가짐과 몸가짐을 몸소 실천해야 함을 강조하고 있다.

원만한 대인관계는 인위적인 노력으로 쉽게 이루어지는 것이 아니라 어려서부터의 타인과의 관계를 위한 훈련이 뒷받침되어야 한다. 조선시대에는 아동기에 《사자소학》을 통해 인성교육의 8대 덕목인 예절, 효도, 정직, 책임, 존중, 배려, 소통, 협동을 체계적으로 가르쳤다.

바른 인성을
키우기 위한
여덟 가지 덕목

2

1) 예절 – 몸가짐과 마음가짐을 올바로 하는 것

사람은 홀로 살아갈 수 없는 사회적 존재다. 다른 사람과 어울려 함께 살아가기 위해서 가장 필요한 것이 바로 예절이다. 예절이란 무리지어 사는 사람들이 약속해 놓은 생활방식이며, 살아가면서 지켜야 할 도리를 뜻한다.

예절에는 일생에서 중대한 일인 관례, 혼례, 상례, 제례에서부터 이웃과의 일상적인 교제에 이르기까지의 음식을 먹는 일, 옷을 입는 일, 말하는 법, 행동하는 법 등이 모두 포함된다. 생활예절은 생활하는 방식을 약속해 놓은 것이고, 가정의례는 가정에서 행하는 의식 절차를 약속해 놓은 것이다.

사실《사자소학》은 사람이 사람답게 살아가기 위해 필요한 예절에 관한 내용이 전부라 할 수 있다. 그중 일상생활 속에서 아이들에게 필요한 행동예절과 관련된 내용은 다음과 같다.

居處必恭(거처필공) 步履安詳(보리안상)
作事謀始(작사모시) 出言顧行(출언고행)
거처할 때는 반드시 공손히 하고, 걸음걸이는 편안하고 조심히 하라.
일을 할 때는 시작을 잘할 것을 생각하고, 말을 할 때는 행동을 돌아보라.

사람의 일거수일투족에도 예절이 있다. 일거수일투족은 손을 한 번 들고 발을 한 번 옮긴다는 뜻으로, 동작 하나하나를 가리키는 말이다. 우리는 행동 하나로도 그 사람의 인격을 엿볼 수 있다. 그래서 모든 행동에 예절을 갖추어야 한다.

《논어》〈자로〉편을 보면 번지라는 제자가 사람다운 행실은 어떻게 하는 것이냐고 묻자 공자가 이렇게 대답한다.

"거처할 때는 공손하게 하고, 일을 집행할 때는 공경하며, 사람을 대할 때는 충실하게 해야 한다."

공자는 집 안에서는 공손하게, 집 밖에서는 공경하게, 인간관계에서는 진실하게 행동하는 것이 사람다운 행실이라고 강조했다. 공경은 내적인 예절을, 공손은 외적인 예절을 말한다. 어떤 일을 시작할 때는 반드시 계획을 세워야 한다. "시작이 반이다"라는 말이 있듯이, 시작이 가장 어렵고 중요한 법이다. 하지만 무작정 일을 하는 것보다 탄탄한 계획을 세우고 시작한다면 더 좋은 결과를 얻을 수 있다. 그리고 어떤 말을 할 때는 기분 내키는 대로 말해서는 안 되고 자신이 지킬 수 있는지를 먼저 생각하고 말해야 한다.

《사자소학》에서는 몸가짐에 대해 이렇게 가르치고 있다.

足容必重(족용필중) 手容必恭(수용필공)
目容必端(목용필단) 口容必止(구용필지)
聲容必靜(성용필정) 頭容必直(두용필직)
氣容必肅(기용필숙) 立容必德(입용필덕)
色容必莊(색용필장) 是曰九容(시왈구용)

발의 모양은 반드시 신중하게 하고, 손의 모양은 반드시 공손하게 하며, 눈의 모양은 반드시 단정하게 하고, 입의 모양은 반드시 지긋이 다물고 있으며, 목소리는 반드시 고요하게 하고, 머리 모양은 반드시 반듯하게 세우며, 숨 쉬는 모양은 반드시 엄숙하게 하고, 서 있을 때의 모양은 반드시 덕 있는 것처럼 하며, 얼굴빛은 반드시 씩씩하게 해야 하니 이것을 아홉 가지 모습이라고 한다.

예절 바른 모습의 기본은 몸가짐과 마음가짐을 바르게 하는 것이다. 《예기》와 《논어》를 보면 공자는 이에 대해서 구용(九容)과 구사(九思)라고 설명했다. 구용은 아홉 가지 몸가짐이라는 뜻이고, 구사는 아홉 가지 마음가짐이라는 뜻이다. 모든 행동의 기본은 바로 올바른 몸가짐에서부터 시작된다. 그것을 구체적으로 말하면 다음과 같다.

첫째, 발은 떨거나 가볍게 하지 않고 반드시 무겁게 해야 한다.

둘째, 손은 사용하지 않을 때는 반드시 공손하게 모아야 한다.

셋째, 눈동자는 돌리거나 흘기지 말고 반드시 단정하게 떠야 한다.

넷째, 입은 벌린 채로 있지 말고 반드시 다물어야 한다.

다섯째, 목소리는 반드시 조용하게 해야 한다.

여섯째, 머리는 기울이거나 흔들지 말며 반드시 곧고 바르게 해야 한다.

일곱째, 기운은 반드시 엄숙하게 해야 한다.

여덟째, 서 있는 모습은 기대거나 기울어지지 않고 반듯하게 서야 한다.

아홉째, 얼굴 표정은 가벼이 보이게 짓거나 찡그리지 말며 반드시 위엄 있고 명랑하고 씩씩하게 해야 한다.

2) 효도 – 모든 교육은 효도부터 가르쳐야 한다

전통사회에서는 부모는 자식을 낳아서 기르고 사랑으로 가르치며, 자식은 부모를 받들어 대를 잇고 효도하며 봉양해야 한다고 가르쳤다. 그래서 아동들을 가르치는 기본원리가 부모에 대한 '효(孝)'였으며, 가르침에 있어 가장 기본이 되는 것이 바로 효도였다.

그렇다면 어떻게 하는 것이 효도하는 것일까?

父母呼我(부모호아) 唯而趣之(유이추지)

父母使我(부모사아) 勿逆勿怠(물역물태)

부모님께서 나를 부르시면 "예"하고 대답하면서 재빨리 가고,

부모님께서 나에게 (무엇을) 시키시면 거스르지 말고 게을리하지 말

라.

효도라는 것은 거창한 것이 아니다. 부모님 말씀에 대답을 잘하고 부모님 말씀을 잘 듣는 것이 효도다. 예절은 알고 나면 참으로 쉬운 일이지만 쉬운 일도 몸소 실천하지 않으면 소용이 없다. 그래서 살면서 예절을 잘 지키는 것도 결코 쉬운 일이 아니다.

전통사회에서 어린이 예절교육의 기본이 바로 '응하고 대답한다'는 응대교육이었다. 특히 부모님의 부름이나 물음, 요구 등에 대한 응대는 더욱 중요한 일이었다.

또한 부모님이 말씀하실 때 듣는 예절, 즉 경청의 예절을 가르쳤다.

父母有命(부모유명) 俯首敬聽(부수경청)

坐命坐聽(좌명좌청) 立命立聽(입명입청)

부모님께서 말씀하시면, 고개를 숙이고 공손하게 들어라.

앉아서 말씀하시면 앉아서 듣고, 서서 말씀하시면 서서 들어라.

경청예절에 대한 내용은 다음과 같다.

첫째, 공손한 자세로 예의 바르게 들어야 한다.

둘째, 얼굴 표정은 밝게 해야 한다.

셋째, 시선을 마주쳐야 한다.

넷째, 앉아서 말씀하시면 앉아서 들어야 한다.

다섯째, 서서 말씀하시면 서서 들어야 한다.

여기에서 중요한 점은 부모님이나 어른이 서서 말씀하실 때는 반드시 서서 들어야 하고, 앉아서 말씀하실 때는 앉아서 들어야 한다는 것이다. 일상생활에서 이와 같은 범절을 잊고 잘 지키지 않는 경우가 많은데 이러한 자세도 결례다.

사실 효도란 그리 어려운 것이 아니다. 생활 속에서 충분히 찾고 실천할 수 있는 일로 전통교육에서는 아이들에게 이 점을 충분히 가르치고 훈련시켰다고 할 수 있다.

3) 정직 – 바른 마음가짐은 정직에서 나온다

정직이란 성품, 마음이 바르고 곧다는 뜻이다. 부모들이 자식에게 가장 당부해야 할 것이 바로 '정직'이다. 따라서 어렸을 때부터 정직은 바른 인성을 키우기 위한 매우 중요한 교육이다. 《사자소학》에서 정직한 마음을 상세히 설명하고 있는 구절이 바로 구사(九思)다.

視必思明(시필사명) 聽必思聰(청필사총)

色必思溫(색필사온) 貌必思恭(모필사공)

言必思忠(언필사충) 事必思敬(사필사경)

疑必思問(의필사문) 忿必思難(분필사난)

見得思義(견득사의) 是曰九思(시왈구사)

볼 때는 반드시 분명하게 볼 것을 생각하고, 들을 때는 반드시 밝게 들을 것을 생각하며, 얼굴빛은 반드시 부드럽게 할 것을 생각하고, 용모는 반드시 공손하게 할 것을 생각하며, 말은 반드시 진실되게 할 것을 생각하고, 일은 반드시 공경하게 할 것을 생각하며, 의문이 생기면 반드시 질문할 것을 생각하고, 화가 날 때는 반드시 뒤에 어려워질 것을 생각하며, 이득을 얻을 때는 의로운 것인지를 생각해야 하니 이것들을 아홉 가지 생각이라고 한다.

정직한 사람은 기본적으로 모든 일에 책임을 지고 바르게 해결하려고 한다. 이러한 마음은 하루아침에 생겨나는 것이 아니라 어렸을 때부터 바른 마음을 갖는 학습을 통해 길러진다. 그럼, 바른 마음을 가지려면 어떤 공부를 해야 할까?

첫째, 눈으로 볼 때는 반드시 바르고, 분명하고, 옳게 볼 것을 생각해야 한다.

둘째, 귀로 들을 때는 그 말의 참뜻을 분명하게 들을 것을 생각해야 한다.

셋째, 얼굴빛과 표정을 지을 때는 온화하게 할 것을 생각해야 한다.

넷째, 몸가짐이나 옷차림 등은 반드시 공손하게 할 것을 생각해야 한다.

다섯째, 말을 할 때는 진실되고, 거짓이 없게 할 것을 생각해야 한다.

여섯째, 일에 임해서는 공경스런 마음으로 조심스럽게 할 것을 생각해야 한다.

일곱째, 의문이 드는 것이 있으면 아는 사람에게 물어서 알 것을 생각해야 한다.

여덟째, 분하고 화가 나는 일이 있으면 후에 생길 어려움을 생각해야 한다.

아홉째, 이득을 볼 때는 먼저 그 이득이 의로운 것인지를 생각해야 한다.

이러한 아홉 가지 정직한 마음을 갖는 공부는 머리로 외우는 것이 중요한 것이 아니라 반드시 실천해야 몸에 배어 삶에서도 크게 도움이 된다. 아무리 실력이 뛰어나고 큰 성공을 거두어도 정직하지 못해서 하루아침에 나락으로 떨어지는 사람이 갈수록 많아지고 있다. 그래서 삶에서 정직은 매우 중요한 가치라 할 수 있다.

4) **책임 – 선한 영향을 주고받도록 좋은 환경을 선택해야 한다**

책임이란 도맡아 해야 할 의무를 말한다. 우리는 살면서 매 순간 선택의 책임이 뒤따른다. 좋은 이웃을 만나는 일도, 좋은 친구를 만나는 것도 자신의 선택과 책임이다. 타인에게 선한 영향을 주는 것도 사람으로서의 책임이라 할 수 있다. 《사자소학》에서는 덕이 있고 좋은 사람을 가려 가까이하라고 가르친다.

近墨者黑(근묵자흑) 近朱者赤(근주자적)
居必擇鄰(거필택린) 就必有德(취필유덕)

먹을 가까이 하는 사람은 검어지고, 붉은 빛을 가까이하는 사람은
붉게 되니,
거처할 때엔 반드시 이웃을 가리고, 나아갈 때는 반드시 덕이 있는
사람에게 가라.

우리 속담에 "친구 따라 강남 간다"고 하는 말이 있다. 친구가 주는
영향력은 실로 지대하다. 특히 아동기에 또래 친구에게 받는 영향력은
매우 크다. 스위스의 심리학자 피아제는 또래 집단의 중요성을 강조하
면서 이 시기의 아이들에게는 바람직한 환경을 만들어주는 것이 '부모
의 역할'이라고 말했다. 특히 좋은 친구, 선생님, 이웃과 어울리도록 하
는 것이 아이들에게 있어서는 최고의 교육이다. 맹자의 어머니가 맹자
에게 좋은 교육환경을 만들어주기 위해 세 번 이사를 갔다는 이야기는
유명하다.

《논어》〈이인〉편을 보면 공자도 "인심이 어진 마을에 사는 것은 아
름다운 일이다. 어질지 못한 곳에 산다면 어찌 지혜롭다 할 수 있겠는
가?"라고 환경의 중요성을 크게 강조했다.

결국 검은 빛을 선택하는 것도, 붉은 빛을 선택하는 것도 모두 본인
의 선택과 책임이다. 여기에는 자신을 존중하고 타인을 존중할 줄 아
는 마음이 기본이 된다.

자신을 존중하는 일은 주변 환경부터 깨끗하게 하는 데서 시작해야
한다.《사자소학》에서도 청결을 강조하고 있다.

室堂有塵(실당유진) 常必灑掃(상필쇄소)

방과 마루에 먼지가 있거든 항상 반드시 물을 뿌리고 청소하라.

우리 몸을 건강하게 유지할 수 있는 비결은 바로 청결이다. 즉, 자신의 몸과 자기 주변을 깨끗하게 청소하는 데 있다. 그래서 어렸을 때부터 청소하는 습관을 길러주어야 한다.

오늘날 심각하게 대두되고 있는 사회적 문제인 미세먼지는 우리의 건강을 심각하게 위협하고 있다. 또한 집 안에 쌓인 먼지나 쓰레기는 병균과 벌레들이 좋아하는 요소로 이러한 환경에 노출되어 우리 몸에 안 좋은 것들이 누적되면 큰 병을 유발하는 원인이 되기도 한다.

《예기》〈내칙〉편에는 어릴 때부터 해야 하는 정리정돈을 다음과 같이 세세하게 설명하고 있다.

"모든 사람은 첫닭이 울면 일어나 세수하고 양치질하고 옷을 입고 베개와 잠자리를 치우고, 방과 마루와 뜰에 물을 뿌리고 청소하고 자리를 펴 놓은 뒤에 각자 자기의 일에 종사해야 한다."

자신의 몸을 건강하게 유지하는 것도 스스로에 대한 책임이라는 점을 어렸을 때부터 교육할 필요가 있다.

5) 존중 – 원만한 인간관계는 상대의 존중에서 비롯된다

존중이란 상대를 높여 귀하고 중요하게 대하는 것을 뜻한다. 사람으로서 갖추어야 할 도덕 요건 중 하나가 바로 존중심이다. 하지만 스스로를 존중하는 마음이 우선시 되어야 다른 사람을 인정하고 소중히 여기는 마음이 가치 있음을 알게 된다. 연구에 따르면, 가족 관계는 아이의 자존감(self-esteem) 형성에 결정적 역할을 한다고 한다. 그래서 인간관계의 출발점인 가정에서부터 존중하고 존중받는 법을 배우는 것이 매우 중요하다.

오륜은 인간관계를 크게 다섯 가지로 분류하여 서로 간에 지켜야 할 예절을 설명하는데 관계의 첫 번째로 부모와 자식을 언급한다.

> 父子有親(부자유친) 君臣有義(군신유의)
> 夫婦有別(부부유별) 長幼有序(장유유서)
> 朋友有信(붕우유신) 是謂五倫(시위오륜)
> 부모와 자식 사이에는 친애함이 있어야 하며, 임금과 신하 사이에는 의리가 있어야 하며, 남편과 아내 사이에는 구별이 있어야 하며, 어른과 어린이 사이에는 차례가 있어야 하며, 친구 사이에는 신의가 있어야 하니 이것을 일러 오륜이라고 한다.

우리가 살아가면서 맺는 인간관계를 생각해보면 크게 위에서 말한 다섯 가지 범주에 속한다. 집에서는 부모, 형제와 관계를 형성하고, 학교에서 친구들을 사귀게 되며, 사회생활을 하면서 상사와 동료와의 관계가 형성되고, 결혼을 하면 남편과 아내라는 관계가 형성된다. 삶에서 가장 힘든 것 중의 하나는 바로 인간관계다. 많은 직장인이 불행하다고 생각되는 이유로 직장 내 어려운 인간관계를 꼽았다.

그러나 지금은 어렸을 때부터 지식을 습득하는 교육만 받을 뿐 사람과의 관계에 대한 교육은 제대로 받지 못한다. 그 결과 서로 간의 존중과 배려는 사라지고 개인적으로는 삶이 행복하지 않고, 사회적으로는 아동학대, 갑질, 왕따, 이혼율 급증, 여성혐오 등이 만연하고 있다. 만약 어렸을 때부터 상대를 존중하고 자신이 존중받는 법을 알게 된다면 개인의 삶도 많은 부분 달라지게 될 것이다.

6) 배려 – 내 마음을 비추어 타인을 살피는 것

배려란 타인을 도와주거나 보살펴주려고 하는 마음을 말한다. 인간은 타인과 더불어 함께 살아가야 하는 존재이며, 인간관계에 있어 가장 중요한 요소가 바로 배려다. 특히 오늘날 발생하고 있는 많은 사회문제는 바로 타인에 대한 배려심의 부재에서 그 원인을 찾을 수 있다. 《사자소학》에서 아이들에게 강조하고 있는 윤리의식도 배려심이다.

인성교육의 대표주자인 공자는 2500년 전 사람답게 살기 위한 방법을 끊임없이 연구했다. 그는 사람이 사람답게 살기 위해 갖추어야 할 기본을 인(仁)이라고 강조했다.

인이란 무엇인가? 바로 상대에 대한 배려심이다. 《논어》를 보면 공자는 배려를 이렇게 말한다.

己所不欲(기소불욕) 勿施於人(물시어인)
자기가 하고 싶지 않은 것을 남에게 시키지 말라.

내가 하고 싶지 않은 것은 남도 하고 싶지 않은 법이다. 배려를 잘

하기 위해서는 먼저 자신의 마음을 잘 들여다보고 내 마음에 비추어 타인을 바라보아야 한다.

또한《사자소학》에서는 타인과의 관계에서 말을 주의하라고 가르친다. 말을 가려서 하고 주의하는 것도 남을 배려하는 자세다.

莫談他短(막담타단) 靡恃己長(미시기장)
남의 단점을 말하지 말고, 자기의 장점을 자랑하지 말라.

언어는 인간관계에서 매우 중요한 역할을 한다. 한 사람을 살릴 수도, 또 죽일 수도 있는 것이 말의 힘이다. "말 한마디로 천 냥 빚을 갚는다", "가는 말이 고와야 오는 말이 곱다" 등 말에 관련된 속담이 많다. 그만큼 우리 삶에서 말이 얼마나 중요한지를 알 수 있다.

《명심보감》〈정기〉편에는 "입을 조심하여 남의 결점을 말하지 말라"라는 내용이 있다. 아이가 친구들과 대화하면서 어떤 말을 주로 하는지 살펴볼 필요가 있다. 다른 친구를 헐뜯거나 비난하는 말을 하지는 않는지, 자기 자랑만 늘어놓지는 않는지 등을 살펴 부정적인 말보다는 긍정적인 말을 주로 하고 타인의 단점보다는 장점을 보고 말하는 아이가 되도록 이끌어주어야 한다.

이는 비단 아이뿐만 아니라 어른에게는 더더욱 필요한 말이다.

7) 소통 – 인간관계의 성공은 소통에 달려 있다

소통이란 막힘이 없이 잘 통한다는 뜻이다. 소통은 인간관계에서 가장 중요한 요소 중 하나다. 가정에서 부모와 자식 간, 형제간, 부부간의 불통은 가정의 불화를 가져오고, 직장에서의 불통은 관계의 단절을 가져와 화합을 깨뜨려 일에도 지장을 준다. 인간관계가 잘 통하려면 먼저 타인에 대한 배려와 존중이 기본이 되어야 하는데 이는 가정에서부터 시작되어야 한다. 《사자소학》에서는 아이들이 나가고 들어올 때 반드시 부모와 먼저 소통하도록 강조하고 있다.

出必告之(출필고지) 反必面之(반필면지)
愼勿遠遊(신물원유) 遠必有方(원필유방)
밖으로 나갈 때는 반드시 말씀드리고, 집으로 돌아오면 반드시 얼굴을 보여드려라.
조심하여 멀리 나가 놀지 말고, 멀리 나가면 반드시 행방이 있어야 한다.

부모는 아이들로 하여금 집 밖으로 나갈 때는 반드시 행선지를 밝히도록 하고 돌아와서도 잘 다녀왔음을 알리도록 가르쳐야 한다. 이것이 가정에서 부모와 자식 간에 이루어지는 기본적인 소통이다. 오늘날 많은 가정에서는 이러한 기본조차 이루어지지 않고 있다. 습관은 제2의 천성이라고 하듯이, 기본 생활습관은 가소성이 풍부한 유아기부터 가르쳐야 평생을 간다.

事必稟行(사필품행) 無敢自專(무감자전)

一欺父母(일기부모) 其罪如山(기죄여산)

일은 반드시 여쭈어 행하고 감히 자기 멋대로 하지 말라.

한 번이라도 부모님을 속이면 그 죄가 산과 같다.

공자는 태묘(太廟)에 들어갔을 때 그곳 사람들에게 일일이 물어가며 제사를 진행했다. 이를 보고 어떤 사람이 "누가 공자더러 예를 잘 안다고 했느냐. 태묘에 들어가서 모든 일을 묻고만 있구먼"하고 비아냥거렸다. 그러자 공자는 "이것이 예다"라고 말했다.

예절의 본질은 타인과의 소통과 조화를 이룰 수 있는 마음에 달려 있다. 태묘의 제사는 공자가 주관하는 곳이 아니기에 그곳 사람들의 의견을 묻고 소통하는 것이 진정한 예라고 판단했던 것이다.

아동기는 어떠한 일이 발생했을 때 판단할 수 있는 능력이 다소 부족하기에 성급하게 결정짓는 것보다 부모의 조언을 구하도록 알려주는 것도 매우 중요하다.

8) 협동 – 마음과 힘을 보태주는 것

협동이란 어떤 일을 하는 데 서로 마음과 힘을 합한다는 뜻이다. 이와 관련된 사자성어로 상부상조(相扶相助), 즉 서로서로 돕는다는 표현이 있다. 협동은 사회와 문화를 유지하고 발전하는 데 매우 중요한 덕목이다. 따라서 부모는 자녀에게 협동하는 마음을 경험할 수 있도록 환경을 조성해주어야 한다. 부모는 아이와 집에서 할 수 있는 청소나 설거지 등을 함께 하면서 협동의 중요성을 느낄 수 있도록 이끌어주어야 한다.

貧窮困厄(빈궁곤액) 親戚相救(친척상구)
婚姻死喪(혼인사상) 鄰保相助(인보상조)
가난과 재앙이 있을 때는 친척들이 서로 구원해주고,
혼인과 초상이 있을 때는 이웃끼리 서로 도와야 한다.

인생을 살아가다 보면 희로애락의 갖가지 일들이 발생한다. 이때 가족이나 가까운 이웃들과 함께 나누면 고통은 반감되고 큰 힘을 얻게 된다. "기쁜 일은 나누면 배가 되고 슬픈 일은 나누면 반이 된다"는 말처럼 함께 기뻐하고 위로할 수 있는 사람들이 있다는 것은 삶에서 큰 행복이다.

인간은 세상에 태어나 성장하면서 죽음에 이르기까지 일련의 의식 과정을 거친다. 이를 관혼상제, 통과의례라고 한다. 생을 마칠 때까지 중요한 순간을 여러 차례 겪어야 하는데, 혼자서는 헤쳐 나가기가 어렵다. 특히 혼례나 상례와 같은 큰일을 치를 때는 사람들의 도움이 가장 필요하다. 이때 친척과 이웃이 함께 힘을 보태준다면 큰 힘이 된다.

그러나 오늘날은 향약과 같은 우리 고유의 미풍양속이 사라져가고 있어 매우 안타깝다.

생각의 힘을 길러주는 한시 입문서
《추구》

제6장

66

꽃은 다시 필 날이 있지만
사람은 다시 소년이 될 수 없다네.
젊은 날을 헛되이 보내지 말게.
청춘은 다시 오지 아니한다네.

－《추구》

99

마음을
깨우고
되찾는
교육

1

인성이란 곧 인간의 성품이며 이는 곧 사람 마음에 관한 영역이다. 그래서 인성을 교육한다는 것은 사람의 마음을 가꾸어야 한다는 뜻이기도 하다. 이러한 마음교육은 가정에서부터 시작되어야 하며 결국 어린 시기에 부모의 사랑으로 이루어져야 한다.

인성은 인간의 본질을 알고 그것을 온전하게 길러내는 것이며 궁극적으로는 자신의 마음을 제대로 직시하는 일이다. 사람이 사람으로서 지닌 본래의 성품이 무엇인지를 알고 하늘로부터 받은 본성을 잘 지키고 회복하는 것이 바로 인성교육의 시작이다. 맹자는 자신의 잃어버린 마음을 회복하는 것이 바로 진정한 학문이라고 역설했다. 따라서 오늘날 우리가 잃어버린 채 살고 있는 우리의 본마음을 되찾는 일이 교육의 시작이라 할 수 있다.

그럼, 사람의 마음을 치유하고 우리 본래의 마음을 되찾을 수 있는 방법은 무엇일까?

일반적으로 음악을 듣기도 하고 차를 음미하기도 하고 또 명상을 하기도 한다. 그 이외에도 많은 방법이 있지만 그중 한 가지로 시를 짓거나 읽는 것을 들 수 있다. 시에는 단단한 마음도 움직일 수 있는 신비한 힘이 담겨 있다. 동시는 아이들의 순수한 마음을 담고 표현한 노랫말이다. 동시 짓기는 아이들의 순수한 마음을 유도하기 위한 좋은 방법 중 하나다. 시는 아이들의 감정을 순화하고 차분한 마음을 갖게 하는 역할을 하기 때문이다.

조선시대에는 아이가 태어나 5~6세(유치원에 다닐 나이)가 되면 서당에 보내어 《천자문》을 배우는 것으로 학교 공부를 시작했다. 아이가 한자를 조금 익히게 되면 《추구》와 같은 한시(漢詩) 입문서를 가르쳤다. 처음에는 시의 뜻도 제대로 알지 못한 채 단순하게 노래를 부르듯이 외우도록 교육했고, 그것이 반복되면 자연스레 시를 표현하는 방법을 익힐 수 있었다. 이것이 바로 우리 선현들의 교육 방법이었다.

공자도 자녀교육법으로 시와 예를 강조했다.

많은 사람이 공자는 자녀교육을 어떻게 시켰을지 매우 궁금할 것이다. 공자 제자인 진항도 스승님의 자녀교육 방법에 대해 무척이나 궁금했던지 공자의 아들 백어에게 아버지로부터 특별한 가르침을 받았는지 물었다. 그러자 백어는 "없다"고 말하며 다만 반드시 시와 예절을 배워야 한다고 강조하셨다고 대답했다.

공자는 사람은 시를 배워야 다른 사람과 소통을 할 수 있고 예를 배워야 사람다운 구실을 할 수 있다고 아들에게 강조했다. 이를 통해 시는 사람의 마음을 움직여 타인과 소통할 수 있는 매개체 역할을 한다는 사실을 알 수 있다.

《논어》〈태백〉편을 보면 공자는 이렇게 말한다.

興於詩(흥어시) 立於禮(입어례) 成於樂(성어악)
시는 사람의 감성을 흥기시키고, 예는 사람의 도리를 제대로 세울 수 있으며, 음악은 사람다움을 완성할 수 있다.

공자는 시와 예절 그리고 음악은 인간의 감정을 풍성하게 만드는 중요한 매개체 역할을 하며 이를 통해 인간관계의 질서를 제대로 세워 인성을 갖춘 인간으로 완성한다고 보았다.

정서를 길러주고
사고력을 키워주는
한시 모음집
《추구》

2

《추구》는 아이들에게 한시를 가르치기 위해 만든 입문서다. 옛사람들이 시를 처음 공부하는 사람들이 쉽게 이해할 수 있도록 좋은 시들 중에서 명구를 선택하여 오언(五言)으로 엮은 것이다. 주로 조선 중기 유학자였던 김인후 선생이 후학들에게 작시법을 가르치기 위해 칠언절구(七言絶句)로 추려서 엮은 《백련초해(百聯抄解)》의 시구를 오언으로 고친 내용이 많다. 또한 조선시대 방랑 시인이자 우리에게 '김삿갓'으로 널리 알려진 김병연이 지은 해학적인 시가 많은 것이 특징이다. 그의 시 하나를 감상해보자.

是是非非非是是(시시비비비시시)

是非非是非非是(시비비시비비시)

是非非是是非非(시비비시시비비)

是是非非是是非(시시비비시시비)

옳은 것을 옳다 하고 그른 것을 그르다 하는 것이 꼭 옳은 것은 아니고

그른 것을 옳다 하고 옳은 것을 그르다 해도 옳지 않은 것은 아니다.

그른 것을 옳다 하고 옳은 것을 그르다 함이 그른 것은 아니고

옳은 것을 옳다 하고 그른 것을 그르다 함이 시비일세.

《추구》는 우주의 모든 사물과 현상에서부터 인간, 동식물, 자연의 모든 것을 시로 표현하고 있다. 시를 즐겨 암송하면서 자연스럽게 삼라만상을 접할 수 있도록 했다. 이를 통해 아이들은 정서를 함양하고 사고력을 키울 수 있었다.

한시를 통해
자연의 법칙을 배우고
사람의 마음을
이해하다

3

《추구》의 첫 구절은 자연 현상에 관한 것으로부터 시작된다. 하늘, 땅, 해, 달, 풀, 나무, 산 등을 묘사하는 짧은 구절 속에 우주 삼라만상에 관한 모든 것이 담겨 있다.

天高日月明(천고일월명) 地厚草木生(지후초목생)
月出天開眼(월출천개안) 山高地擧頭(산고지거두)
하늘이 높으니 해와 달이 밝고, 땅이 두터우니 풀과 나무가 잘 자란다. 달이 뜨니 하늘이 눈을 뜬 것 같고, 산이 높으니 땅이 머리를 든 것 같구나.

《추구》는 스마트폰, 게임기를 마치 친구처럼 생각하는 우리 아이들에게 간접적으로나마 대자연을 접하게 함으로써 메마른 정서를 함양하는 데 유용한 텍스트라 할 수 있다. 아이들이 시를 낭송하면서 시가 담고 있는 대자연을 자유롭게 그려보게 하는 것도 정서 발달에 큰 도움이 될 수 있다.

春來梨花白(춘래리화백) 夏至樹葉青(하지수엽청)
秋凉黃菊發(추량황국발) 冬寒白雪來(동한백설래)
봄이 오니 배꽃이 하얗게 피었고, 여름이 오니 나뭇잎이 푸르르다.
가을이 와 서늘하니 노란 국화가 피고, 겨울이 와 추우니 흰 눈이
온다네.

일 년은 봄, 여름, 가을, 겨울의 사계절로 이루어지고, 이 사계절은 성실하게 운행된다. 풀과 나무도 사계절의 움직임에 따라 충실히 변화해간다. 이 시에서는 배꽃이 피어나는 것으로 봄을, 초목의 나뭇잎들이 자라는 것으로 여름을, 국화로 가을을, 흰 눈으로 겨울의 풍경을 표현하고 있다. 봄이 가면 여름이, 여름이 가면 가을이, 가을이 가면 또 겨울이 온다. 이것이 천지자연의 이치다. 인간의 삶도 이와 마찬가지다. 태어나고, 성장하며, 노쇠하고 사라져가는 것이 바로 인생이다. 이 또한 자연의 운행과 그 모습을 같이한다.

네 구절을 읽으면서 아이들은 자연의 이치와 인간의 삶이 닮아 있음을 알게 되고 인간이 반드시 겪어야 하는 생로병사(生老病死)에 순응하

며 살아가야 한다는 것도 이해할 수 있게 된다.

　　日月千年鏡(일월천년경) 江山萬古屛(강산만고병)
　　東西日月門(동서일월문) 南北鴻雁路(남북홍안로)
　　해와 달은 천년의 거울이고, 강과 산은 만고의 병풍이다.
　　동과 서는 해와 달의 문이고, 남과 북은 기러기들의 길이로다.

　해와 달은 오랜 세월 동안 변함없이 이 세상을 비추고 있고, 강과 산
은 마치 한 폭의 수묵화를 보는 듯하다. 또한 해와 달은 동쪽에서 떠서
서쪽으로 지기 때문에 동과 서는 해와 달이 드나드는 문과 같다고 표
현했다. 기러기는 가을에 남쪽으로 갔다가 봄에 다시 북쪽으로 오는
철새이므로 남과 북을 두고 기러기들의 길이라고 말한 것이다.
　이렇게 시 속에 담긴 의미를 온전히 이해하기는 결코 쉬운 일이 아
니다. 특히 아이들은 더욱 그러하다. 하지만 오언 시구를 반복해서 암
송하다 보면 자연스레 시 속에 젖어들게 되고 우주의 삼라만상과 자연
의 오묘함을 조금씩 깨달을 수 있다.

　　春作四時首(춘작사시수) 人爲萬物靈(인위만물령)
　　水火木金土(수화목금토) 仁義禮智信(인의예지신)
　　봄은 사계절의 처음이 되고, 사람은 만물의 영장이 되었네.
　　수·화·목·금·토는 오행이고, 인·의·예·지·신은 오상이라네.

사계절이 운행되는 순서는 봄, 여름, 가을, 겨울이다. 사시(四時)의 순서는 항상 일정하다. 봄에는 만물이 탄생하고, 여름에는 성장하며, 가을에는 성숙하여 결실을 맺고, 겨울에는 저장한다. 그래서 봄을 사계절의 처음이 된다고 하는 것이다. 인간 삶의 과정도 이와 같다.

그런데 《서경(書經)》에서는 "오직 천지가 만물의 부모이며, 오직 사람이 만물의 영장이다"라고 인간이 만물의 영장임을 역설한다.

물, 불, 나무, 금, 흙은 우주 만물을 구성하는 기본으로 이를 오행(五行)이라고 한다. 인간의 몸속에도 오행의 기운이 구비되어 있다. 또한 인간은 하늘로부터 선한 본성을 부여받고 태어났으며 이것이 바로 인(仁), 의(義), 예(禮), 지(智), 신(信) 오성(五性)이다.

天地人三才(천지인삼재) 君師父一體(군사부일체)
天地爲父母(천지위부모) 日月似兄弟(일월사형제)
하늘·땅·사람을 삼재라 하고, 임금과 스승과 부모는 한 몸과 같다.
하늘과 땅은 부모가 되고, 해와 달은 마치 형제와 같구나.

이 세상에는 하늘과 땅, 그리고 사람이 존재한다. 하늘은 뿌려주는 일을 하고, 땅은 길러주는 일을 하며 그 가운데 사람은 자식을 낳는 일을 하며 운행한다. 이렇게 세상을 구성하는 세 가지인 하늘·땅·사람을 '삼재(三才)'라고 칭한다.

'군사부일체(君師父一體)'라는 말은 《국어(國語)》 〈진어〉편에서 찾아볼 수 있다. 우리 선조들은 하늘과 땅의 작용으로 인해 만물이 생겨난다고 보았기 때문에 천지를 만물의 부모라고 표현했다. 또한 태극은 모든 만물의 근원이며 음과 양, 오행, 만물이 여기서부터 생겨났다. 음양의 대표를 해와 달로 표현했기 때문에 이는 곧 한 부모로부터 존재하는 형제와 같다고 비유한 것이다.

> 民生於三(민생어삼) 事之如一(사지여일) 父生之(부생지) 師敎之(사교지) 君食之(군식지) 非父不生(비부불생) 非食不長(비식부장) 非敎不知(비교부지) 生之族也(생지족야)
>
> 백성은 세 가지로부터 태어나 살아가는 것이니 섬기기를 한결같이 해야 한다. 부모는 낳아주시고, 스승은 가르쳐주시며, 임금은 먹여주신다. 부모가 없다면 태어날 수 없고, 먹지 않으면 자라지 못하며, 가르침이 없다면 알지 못하니 삶에 있어서는 동류인 것이다.

여기에서는 임금과 스승, 그리고 부모는 모두 소중한 존재라는 것을 강조하고 있다.

> 妻賢夫禍少(처현부화소) 子孝父心寬(자효부심관)
> 子孝雙親樂(자효쌍친락) 家和萬事成(가화만사성)
> 아내가 어질면 남편의 화가 적고, 자식이 효도하면 부모의 마음은 너그럽다.
> 자식이 효도하면 두 어버이가 기뻐하시고 집안이 화목하면 모든 일이 이루어진다.

사회를 이루고 있는 기초 단위는 가정이다. 가정이라는 사회에서 리더는 바로 부모다. 부부는 세상에서 가장 가까운 사이이기도 하지만 또 가장 멀어지기 쉬운 관계이기도 하다. 《사자소학》에서는 "부부의 도리는 두 성이 결합한 것이니 아내와 남편은 분별이 있어야 하며 서로 공경하기를 손님 대하듯 해야 한다"고 말한다. 이처럼 우리 선조들은 남편과 아내는 서로 어려운 손님을 대하듯이 조심해야 한다고 생각했고 이를 강조했다. 즉, 가까운 사이일수록 서로 존중하고 공경하는 마음을 가지라는 의미다. 남편은 남편으로서의 예의를 갖추고 아내는 아내로서의 예의를 지켜야 부부 사이의 사랑이 오랫동안 유지될 수 있다. 이와 같이 남편과 아내는 공경과 사랑으로 부부관계를 유지하고 또한 자식은 부모로부터 받은 내리사랑을 효도로써 보답해야 한다.

《명심보감》〈치가〉편에 '가화만사성(家和萬事成)'이라는 말이 있는데, 가정이 화목하면 모든 일이 순조롭게 이루어질 수 있다는 의미다.

綠竹君子節(녹죽군자절) 靑松丈夫心(청송장부심)
人心朝夕變(인심조석변) 山色古今同(산색고금동)
푸른 대나무는 군자의 절개요, 푸른 소나무는 장부의 마음이다.
사람의 마음은 아침저녁으로 변하지만 산의 색깔은 예나 지금이나
변함이 없다.

이 구절에서는 곧고 푸르게 번성하는 대나무는 군자의 절개이고, 사시사철 푸른 소나무는 대장부의 마음이라고 표현하고 있다. 인간의 마

음은 순식간에 변해버릴 수 있지만 자연의 모습은 오랜 시간이 지나도 변하지 않는다. 자연을 본받아 본능을 다스리고 변치 않는 자연과 같은 마음을 간직해야 한다.

山靜似太古(산정사태고) 日長如少年(일장여소년)
靜裏乾坤大(정리건곤대) 閑中日月長(한중일월장)
산이 고요하니 태고와 같고, 해는 길어서 소년과 같다.
고요함 속에서 하늘과 땅이 크다는 것을 알았고, 한가로운 가운데
세월이 길다는 것을 느끼네.

산 속의 고요함은 소음이 적었던 아주 오랜 옛날과 같이 적막하다. 해가 길어지면 낮부터 저녁이 될 때까지의 시간이 길어지니 아직 살아갈 날이 많은 소년기와 같다. 고요히 사색에 잠기다 보면 그간 잊고 있었던 하늘과 땅, 광대한 우주의 크기를 깨닫게 되고, 세월의 시간은 한가로운 여유를 가질 때 느낄 수 있다.

이와 같이 시를 읽다보면 자신도 모르게 시어 속에 담긴 어떤 풍경이 머릿속에 그려진다. 이는 말로는 다 표현할 수 없는 더 큰 메시지를 던져준다. 시는 자신의 생각을 표현하고 또 사물을 바라보는 방법을 알려주는 큰 힘이 있다.

洗硯魚吞墨(세연어탄묵) 煮茶鶴避煙(자다학피연)
松作延客蓋(송작연객개) 月爲讀書燈(월위독서등)

122

벼루를 씻으니 물고기가 먹물을 삼키고, 차를 달이니 학이 연기를
피해 날아간다.
소나무는 손님 맞을 양산이 되고, 밝은 달은 글 읽는 데 등불이 되
네.

연못에서 먹물이 묻어 있는 벼루를 씻으니 지나가던 물고기가 풀어
진 먹물을 삼키는 듯하고, 깊은 산 속에서 차 한 잔을 마시기 위해 불
을 지피니 날아가던 학이 마치 연기를 피해 날아가는 것 같이 보인다.
소나무는 볕을 가리기 위한 큰 양산이 되기도 하고, 어두운 밤 밝은 달
이 떠오르면 그것을 등불 삼아 책을 읽을 수 있다.
　우리가 일상에서 쓰는 대화의 말들은 깊이 생각하지 않아도 금세 이
해할 수 있다. 그러나 시는 많은 의미를 함축하고 있어 그것을 온전히
이해하려면 한 번 더 생각해 보아야 알 수 있다. 그래서 시는 아이로
하여금 생각하는 힘을 길러준다.

　歲去人頭白(세거인두백) 秋來樹葉黃(추래수엽황)
　雨後山如沐(우후산여목) 風前草似醉(풍전초사취)
　세월이 가니 사람의 머리는 희어지고, 가을이 오니 나뭇잎은 노랗
게 물드네.
　비 온 뒤의 산은 목욕을 한 듯하고, 바람 앞의 풀은 술 취한 듯 날리
는구나.

세월의 변화는 사람의 변해가는 머리색을 통해, 노랗게 물들어가는 단풍잎 색을 통해 알 수 있다. 비가 내린 뒤의 만물은 마치 목욕을 한 것처럼 다 씻기고, 바람이 부는 대로 흔들리는 풀의 모습은 마치 술 취한 사람의 중심 잡지 못하는 몸과 같다.

마음을 치유할 수 있는 효과적인 방법 가운데 하나는 음악 감상이다. 불안감을 완화시키는 데 '음악이 효과적'이라고 하는 연구결과들이 발표되고 있다. 노래 가사는 곧 시어(詩語)로 만들어지기 때문에 음률을 가지고 시를 암송하면 마음을 안정시키는 좋은 방법이 될 수 있다.

細雨池中看(세우지중간) 微風木末知(미풍목말지)
花笑聲未聽(화소성미청) 鳥啼淚難看(조제루난간)
가랑비는 연못 가운데서 알 수 있고, 산들바람은 나뭇가지 끝에서 알 수 있다네.
꽃은 웃어도 소리는 들리지 않고, 새는 울어도 눈물은 보기 어렵다네.

가늘게 내리는 가랑비와 미세하게 부는 산들바람은 잘 알 수가 없다. 특히 집 안에서는 느낄 수조차 없다. 연못 가운데의 움직임을 통해 가랑비가 내리고 있음을, 흔들리는 나뭇가지를 통해 산들바람이 불고 있음을 알 수 있다. 꽃은 웃는다고 하더라도 그 소리가 들리지 않고, 새는 운다고 하더라도 그 눈물을 볼 수가 없다.

시와 그림은 떼려야 뗄 수 없는 연인 관계다. 시를 읽다보면 마치 한 편의 그림을 보는 듯싶을 때가 많다. 시인은 시어로 자신의 생각을 그

린다. 그 그림 속에 숨은 그림을 잘 찾아내야 제대로 작품을 이해할 수 있다. 숨겨진 시어를 잘 꺼내어 조각 맞추기를 해야 비로소 시를 온전히 이해할 수 있다.

洞深花意懶(동심화의라) 山疊水聲幽(산첩수성유)
氷解魚初躍(빙해어초약) 風和雁欲歸(풍화안욕귀)
골짜기가 깊으니 꽃은 피우려는 뜻이 게으르고, 산이 깊으니 물소리가 그윽하다.
얼음이 녹으니 물고기가 처음 뛰어 오르고, 바람이 온화하니 기러기가 돌아가려 하네.

깊은 산속은 햇빛을 받는 시간이 적기 때문에 계절의 변화도 다소 늦어진다. 그래서 봄이 오는 속도도 또 꽃이 피는 시간도 늦어질 수밖에 없다. 깊은 곳에 있는 골짜기에는 흐르는 물소리 또한 더욱 멀게 느껴진다. 계절의 변화를 물고기와 기러기로 표현하고 있는데, 겨우내 얼어 있던 얼음이 녹자 그 속에 갇혀 있던 물고기가 뛰어 오르려는 것처럼 보이고 봄이 오니 기러기는 북쪽으로 돌아갈 준비를 하고 있다.

花有重開日(화유중개일) 人無更少年(인무갱소년)
白日莫虛送(백일막허송) 靑春不再來(청춘부재래)
꽃은 다시 필 날이 있지만 사람은 다시 소년이 될 수 없다네.
젊은 날을 헛되이 보내지 말게. 청춘은 다시 오지 아니한다네.

이 시구는《추구》의 마지막 구절이다.《추구》에서는 인간의 삶을 하늘의 운행에 비유한 시구를 많이 볼 수 있다. 봄, 여름, 가을, 겨울의 운행도, 초목의 변화도 쉼 없이 계속된다. 하지만 인간의 삶은 언젠가 끝을 맺는다. 한 번 지나간 시간은 다시 돌이킬 수 없으니 부지런히 공부해야 함을 권하고 있는 구절이다.

아동기의 한시(漢詩) 교육은 정서를 순화해 인간관계에서 따뜻한 정을 주고받는 성인으로 성장할 수 있도록 밑거름이 될 수 있다.

이제는 지식만 가득 주입해 지적능력만 강조하는 교육 대신 온기가 느껴지는 정서교육을 어린 시절부터 체득하게 함으로써 사람다운 사람을 육성하는 교육으로 전환해야 한다. 정서교육의 측면에서 한시 교육은 의미가 크다고 할 수 있다.

사물의 원리를 가르치는 아동 산문입문서
《계몽편》

제7장

"

모든 사람의 타고난 성품은 처음에는 착하지 않음이 없어서
부모님을 사랑하고 형을 공경하며 임금에게 충성하고
어른을 공경하는 도리가 모두 마음 속에 이미 갖추어져 있으니
진실로 바깥에서 구할 것이 아니라
오직 내가 힘써 행하여 그치지 않는 것에 달려 있을 뿐이다.

-《계몽편》

"

머리말
〈수〉편 –
사물의 원리를
가르치다

1

《계몽편(啓蒙篇)》은 조선시대 아동교육용 교과서로 어린 이를 가르치는 책이다. 이 책은 〈수(首)〉편, 〈천(天)〉편, 〈지(地)〉편, 〈물(物)〉편, 〈인(人)〉편의 총 5개 편으로 나누어져 있으며 아이들이 익히기 쉬운 문장으로 쓰여 있다. 〈수〉편에서는 자연현상과 인류에 관한 내용을, 〈천〉편에서는 우주와 천체, 10간과 12지, 계절변화에 대한 내용을, 〈지〉편에서는 오악사해, 자연현상, 오행에 관한 내용을, 〈물〉편에서는 동식물의 속성과 특성에 따른 종류, 구구법에 대한 내용을, 〈인〉편에서는 부모, 형제, 부부, 군신, 친구 등의 인간관계에서 필요한 예의, 학문의 필요성, 구용, 구사의 내용을 서술하고 있다.

먼저 〈수〉편의 내용을 구체적으로 살펴보면 다음과 같다.

上有天(상유천) 下有地(하유지) 天地之間(천지지간) 有人焉(유인언)
有萬物焉(유만물언) 日月星辰者(일월성신자) 天之所係也(천지소계
야) 江海山嶽者(강해산악자) 地之所載也(지지소재야) 父子君臣夫婦
長幼朋友者(부자군신부부장유붕우자) 人之大倫也(인지대륜야)

위에는 하늘이 있고 아래에는 땅이 있으니, 하늘과 땅 사이에 사람
이 있고, 만물이 있다. 해와 달, 별은 하늘에 매여 있고, 강과 바다,
산은 땅에 실려 있으며, 부자, 군신, 부부, 장유, 붕우는 사람의 큰
윤리다.

하늘과 땅, 그리고 사람을 삼재라고 한다. 이는 우주만물을 구성하
는 기본이다. '삼재'는 《역경(易經)》〈계사〉 하편에 나온 말로 "하늘은
뿌려주는 일을, 땅은 길러주는 일을, 사람은 자식을 낳는 일을 하는 것,
그것이 만물의 이치다"라고 서술되어 있다.

그럼, '하늘은 뿌려주는 일을 한다'는 것은 무슨 의미일까?

하늘에는 해도 있고 달도 있으며 별도 있다. 이들은 하늘에서 빛을
전해주는 일을 한다. 우리는 일반적으로 해와 달, 별이 스스로 빛을 발
하는 것으로 생각하지만 실제로는 그렇지 않다. 달과 별은 자체적으로
빛을 발하는 것이 아니라 태양의 빛을 반사해서 다시 빛을 내는 것이
다. 이렇듯 일월성신(日月星辰)은 인간 세상을 밝혀주는 일을 도맡아 한
다. 왜냐하면 인간도 땅도 밝은 빛이 없으면 세상을 제대로 운용할 수
없기 때문이다. 이와 같이 하늘과 땅, 우주 삼라만상에는 각각 그 법칙
이 담겨 있다.

인간관계를 원활히 하기 위해 필요한 것이 바로 윤리이며 질서다. 부모와 자식, 윗사람과 아랫사람, 남편과 아내, 어른과 어린이, 친구 사이에는 반드시 지켜야 할 도리와 질서가 있고 그것을 지킬 때 세상이 균형을 유지하며 제대로 돌아가게 된다. 지금의 사회적 혼란은 그러한 균형이 깨지며 사람 간의 존중심이 사라졌기 때문이다.

以東西南北(이동서남북) 定天地之方(정천지지방) 以靑黃赤白黑(이청황적백흑) 定物之色(정물지색) 以酸鹹辛甘苦(이산함신감고) 定物之味(정물지미) 以宮商角徵羽(이궁상각치우) 定物之聲(정물지성) 以一二三四五六七八九十百千萬億(이일이삼사오육칠팔구십백천만억) 總物之數(총물지수)

동쪽, 서쪽, 남쪽, 북쪽으로 천지의 방위를 정하고, 청색, 황색, 붉은색, 흰색, 검정색으로 만물의 색깔을 정하고, 신맛, 짠맛, 매운맛, 단맛, 쓴맛으로 만물의 맛을 정하고, 궁, 상, 각, 치, 우로 만물의 소리를 정하고, 일, 이, 삼, 사, 오, 육, 칠, 팔, 구, 십, 백, 천, 만, 억으로 만물의 수를 다한다.

앞에서 살펴보았듯이 《예기》〈내칙〉편에는 "아이가 6세가 되면 수와 방위의 명칭을 가르쳐야 한다"고 서술되어 있다. 또한 정신분석학의 창시자인 프로이트는 인간의 성격발달을 5단계로 이론화하고 그중 4단계인 잠복기(6~12세경)에는 특히 지적인 탐색이 활발해진다고 주장했다. 또래 친구나 연상의 아동과 교류하며 지적, 사회적 행동에 에너지를 최대한 집중시키는 시기가 바로 잠복기다. 따라서 이 시기 아이들은 인지능력을 갖추고 있어 방위, 색깔, 맛, 수의 종류 등의 개념을 가르치면 이를 충분히 받아들일 수 있다는 것이다.

《계몽편》은 아이들에게 동서남북은 하늘과 땅의 방위이고, 청색, 황색, 적색, 백색, 흑색은 물건의 다섯 가지 색깔이며, 신맛, 짠맛, 매운맛, 단맛, 쓴맛은 물건의 다섯 가지 맛이라는 것을 알려준다. 또한 궁, 상, 각, 치, 우는 물건의 다섯 가지 소리이며 일, 이, 삼, 사, 오, 육, 칠, 팔, 구, 십, 백, 천, 만은 물건의 수임을 가르친다. 여기에서 수의 개념은 십을 열 배 하면 백이 되고, 백을 열 배 하면 천이 되며, 천을 열 배 하면 만이 된다는 기본 원리를 터득하게 했다.

전통교육의 교과목에는 예(禮, 예절), 악(樂, 음악), 사(射, 활쏘기), 어(御, 말타기), 서(書, 글쓰기), 수(數, 산수)라고 하는 육예(六藝)가 있었는데 그중 '수(數)'가 곧 산수를 의미한다.

하늘이야기 〈천〉편 – 자연의 원리를 가르치다

2

조선시대 아이가 서당에 입학하면 처음 배우는 《천자문》의 첫 구절은 '天地玄黃(천지현황), 宇宙洪荒(우주홍황), 日月盈昃(일월영측), 辰宿列張(진수열장)'이다. '하늘은 가물거리고 땅은 누렇다. 우주는 끝없이 넓고 크다. 해와 달은 차고 기울며, 모든 별들은 정연하게 펼쳐져 있다'라는 의미다. 아이들 시집인 《추구》에서도 첫 구절이 '天高日月明(천고일월명), 地厚草木生(지후초목생)', 즉 '하늘이 높으니 해와 달이 밝고, 땅이 두터우니 풀과 나무가 잘 자란다'였다.

이처럼 어린아이들이 배우는 동몽교재 첫 구절에서부터 하늘과 땅, 우주에 관한 이야기가 등장하는데 아이들에게 하늘과 우주이야기가 조금 어렵지 않을지, 먼저 '인간'에 대한 것부터 가르쳐야 하는 것은 아

닌지라는 생각이 들 수 있다. 하지만 우리 선현들은 그들만의 분명한
교육철학이 있었다.

우리가 살고 있는 세상에는 만물이 존재하고 이 모든 것을 담고 있
는 것은 하늘과 땅이다. 생각해보면 우주만물을 구성하는 기본을 언급
할 때도 천지인, 즉 하늘과 땅, 사람 순으로 설명한다. 하늘과 땅은 세
상을 크게 두 부분으로 구분한 개념이다. 하늘은 해와 달, 별 등이 존
재하는 세상이고, 땅은 강과 산, 바다 등이 실려 있는 세상이다. 세상에
존재하는 만물은 천지의 기운을 받아 생겨난다.

아이들에게 먼저 하늘과 땅, 사물에 관한 이야기를 시작으로 해서
마지막에는 사람이야기까지 설명하고 있는 책이 바로 《계몽편》이다.
이 책은 일종의 '아동용 백과사전'이라 해도 과언이 아니다. 하늘이야
기인 〈천〉편의 첫 구절에서부터 해는 동쪽에서 떠서 서쪽으로 진다는
자연의 원리를 가르친다. 그러면서 세상에 존재하는 모든 것은 음(陰)
과 양(陽)의 조화로 만들어지며 동쪽은 양을, 서쪽은 음을 상징한다는
사실을 알려준다.

日出於東方(일출어동방) 入於西方(입어서방) 日出則爲晝(일출즉위
주) 日入則爲夜(일입즉위야) 夜則月星(야즉월성) 著見焉(저현언)
해는 동쪽에서 나와 서쪽으로 들어간다. 해가 나오면 낮이 되고 해
가 들어가면 밤이 된다. 밤에는 달과 별이 나타난다.

그리고 〈천〉편에는 하늘에 위성(緯星)과 경성(經星)이 있고, 위성과 경

성에 있는 별들의 종류에 관해서 자세히 서술하고 있다. 또한 한 낮과 밤의 안에 12시가 있으니, 12시가 모여 하루가 되고, 30일이 모여서 한 달이 되고, 12달이 모여서 1년을 이룬다는 내용과 윤달의 의미도 가르친다. 여기에서 12시란 땅의 십이지(十二支)이고, 하늘에는 십간(十干)이 있다는 것을 인지시키면서 자연스럽게 육십갑자(六十甲子) 이야기도 가르친다. 십간(十干)이란 갑(甲), 을(乙), 병(丙), 정(丁), 무(戊), 기(己), 경(庚), 신(辛), 임(壬), 계(癸)의 열 가지를 말하며, 또 십이지란 자(子), 축(丑), 인(寅), 묘(卯), 진(辰), 사(巳), 오(午), 미(未), 신(申), 유(酉), 술(戌), 해(亥)의 12가지를 뜻하고, 이 두 가지를 짝을 맞추어 나가면 60가지의 간지(干支)인 육십갑자(六十甲子)가 이루어진다고 설명한다.

春則萬物始生(춘즉만물시생) 夏則萬物長養(하즉만물장양) 秋則萬物成熟(추즉만물성숙) 冬則萬物閉藏(동즉만물폐장) 然則萬物之所以生長收藏(연즉만물지소이생장수장) 無非四時之功也(무비사시지공야)

봄에는 만물이 비로소 생겨나고, 여름에는 만물이 자라고, 가을에는 만물이 성숙하고, 겨울에는 만물이 감추어진다. 그래서 만물이 나서 자라고 거두어지고 감추어지는 것은 사시의 공이 아닌 것이 없다.

일 년은 봄, 여름, 가을, 겨울로 이루어져 있다. 봄이 가면 여름이, 여름이 가면 가을이, 가을이 가면 겨울이 오는 것은 자연의 이치다. 하루도 이와 마찬가지다. 아침이 지나면 점심이, 점심이 지나면 저녁이 온다. 그리고 다음 날이 되면 이것이 반복된다. 이렇게 시작이 있으면 끝이 있고 끝이 있으면 다시 시작이 존재한다. 이러한 하늘의 작용을 원형이정이라고 한다.

《주역》의 〈건괘(乾卦)〉편에는 하늘의 작용을 원(元), 형(亨), 리(利), 정(貞)이라고 서술하고 있다. '원'이라는 것은 봄과 시작을, '형'은 여름과 성장을, '리'는 가을과 결실을, '정'은 겨울과 저장을 의미한다. 이는 낳아서 길러 거두고 휴식하는 자연의 이치로서 인간 삶의 바탕이 된다.

이와 같이 사계절의 진행 과정을 자세히 살펴보면 봄, 여름, 가을에는 시작과 성장, 결실이라는 활동을 하고 있으나 겨울에는 그 활동이 정지된다. 《주역》에 '삼현일장(三顯一藏)'이라는 표현이 있다. 즉, 셋은 드러내고 하나는 감춘다는 뜻이다. 사계절의 진행 과정도 시작·성장·결실처럼 세 번은 드러내고 저장과 같이 한번은 감춘다.

이러한 원칙은 인간생활과도 밀접한 관련이 있다. 우리가 하루 24시간 중 18시간 정도는 활동을 하지만, 6시간 정도는 숙면을 취해야 하듯이 말이다.

땅이야기 〈지〉편 - 만물을 구성하는 요소를 가르치다

3

〈지〉편에서 처음 나오는 내용은 산, 물, 냇물, 강, 언덕, 산 등성이 등에 대한 개념이다. 그 구체적인 내용은 이렇다.

地之高處便爲山(지지고처변위산) 地之低處便爲水(지지저처변위수)
水之小者(수지소자) 謂川(위천) 水之大者(수지대자) 謂江(위강) 山之
卑者(산지비자) 謂丘(위구) 山之峻者(산지준자) 謂岡(위강)

땅의 높은 곳이 곧 산이 되고, 땅의 낮은 곳이 곧 물이 된다. 물의 작은 것을 내라 이르고, 물의 큰 것을 강이라고 이른다. 산의 낮은 것을 언덕이라 이르고, 산의 높은 것을 등성이라 이른다.

산은 땅보다 높은 곳에 있고 물은 땅보다 낮은 곳에 있으며, 냇물(내)
은 작은 물줄기를 말하고 강은 큰 물줄기를 말한다. 언덕은 산의 낮은
곳에 있고, 산등성이는 산의 등줄기이며 산의 높은 곳에 있다.

天下之山(천하지산) 莫大於五嶽(막대어오악) 五嶽者(오악자) 泰山嵩
山衡山恒山華山也(태산숭산형산항산화산야) 天下之水(천하지수) 莫
大於四海(막대어사해) 四海者(사해자) 東海西海南海北海也(동해서
해남해북해야)
천하의 산 중에 오악이 가장 큰데, 오악이란 태산·숭산·형산·항
산·화산을 말한다. 또한 천하의 물 중에 사해가 가장 큰데, 사해란
동해, 서해, 남해, 북해를 말한다.

山海之氣(산해지기) 上與天氣相交(상여천기상교) 則興雲霧(즉흥운
무) 降雨雪(강우설) 爲霜露(위상로) 生風雷(생풍뢰) 暑氣蒸鬱(서기증
울) 則油然而作雲(즉유연이작운) 沛然而下雨(폐연이하우) 寒氣陰凝
(한기음응) 則露結而爲霜(즉로결이위상) 雨凝而成雪(우응이성설) 故
(고) 春夏(춘하) 多雨露(다우로) 秋冬(추동) 多霜雪(다상설) 變化莫測
者(변화막측자) 風雷也(풍뢰야)
산과 바다의 기운이 상승해 하늘의 기운과 서로 만나면 구름과 안
개를 만들고 비와 눈을 내리며, 서리와 이슬이 되고 바람과 우레를
발생한다. 더운 기운이 쪄서 뭉치게 되면 구름을 만들어 비를 뿌리
게 되고, 찬 기운이 추워져 응결되면 이슬이 맺혀 서리가 되고, 비

가 응결되어 눈을 만든다. 그러므로 봄과 여름에는 비와 이슬이 많고, 가을과 겨울에는 서리와 눈이 많은데 변화를 헤아릴 수가 없는 것은 바람과 우레다.

이와 같이 〈지〉편에서는 산, 바다, 냇물, 강, 언덕, 산등성이의 의미를 설명하면서 세상에 존재하고 있는 산과 바다 중 오악과 사해에 대해 말하고 있다. 또한 구름과 안개, 비와 눈, 서리와 이슬, 바람과 우레의 생성 원리를 자세히 알려준다.

金木水火土(금목수화토) 在天(재천) 爲五星(위오성) 在地(재지) 爲五行(위오행) 金(금) 以爲器(이위기) 木(목) 以爲宮(이위궁) 穀生於土(곡생어토) 取水火爲飮食(취수화위음식) 則凡人日用之物(즉범인일용지물) 無非五行之物也(무비오행지물야)
쇠, 나무, 물, 불, 흙은 하늘에서 오성이 되고, 땅에서 오행이 되었다. 쇠는 그릇이 되고, 나무는 집이 되고, 곡식은 땅에서 자라서 물과 불을 취하여 음식이 되니, 사람들이 일상적으로 사용하는 물건들은 오행의 물건이 아닌 것이 없다.

오행은 우주에서 운행하면서 만물을 구성하는 원소로서 목(木), 화(火), 토(土), 금(金), 수(水)를 말한다. 이 다섯 가지 중에는 서로를 도와주는 상생의 관계가 존재한다. 즉, 물은 나무를 키워주므로 '水生木(수생목)'이 되고, 나무는 불을 일으킬 수 있으므로 '木生火(목생화)'이며, 불이

사그라지면 흙이 되는 것이므로 '火生土(화생토)'가 되고, 흙 속에서 쇠가 나오므로 '土生金(토생금)'이 되고, 금에서 물이 만들어지므로 '金生水(금생수)'가 된다. 이것을 상생의 관계라고 부른다.

반면 서로를 도와주는 것이 아니라 서로를 이기고 저지하려고 하는 상극 관계도 존재한다. 나무가 흙을 뚫고 나오므로 '木克土(목극토)'이고, 쇠가 나무를 벨 수 있으므로 '金克木(금극목)'이며, 물이 불을 끌 수 있으므로 '水克火(수극화)'이고, 불이 쇠를 녹일 수 있으므로 '火克金(화극금)'이며, 흙은 물을 덮어 막을 수 있으므로 '土克水(토극수)'가 된다.

이와 같이 오행은 서로 살리기도 하고 저지하기도 하면서 발전을 이루게 된다.

물건이야기
〈물〉편 –
세상의 생물을
가르치다

4

〈물〉편에서는 세상에 존재하고 있는 생명을 가진 동물, 식물 등에 관해 서술하고 있다.

天地生物之數(천지생물지수) 有萬其衆(유만기중) 而若言其動植之物(이약언기동식지물) 則草木禽獸蟲魚之屬(즉초목금수충어지속) 最其較著者也(최기교저자야)

하늘과 땅이 물건을 낳은 수는 그 무리가 만 가지가 있다. 동물과 식물을 말한다면 풀과 나무, 새와 짐승, 벌레와 물고기의 무리가 그 중에서 가장 드러난 것들이다.

飛者(비자) 爲禽(위금) 走者(주자) 爲獸(위수) 鱗介者(인개자) 爲蟲魚
(위충어) 根植者(근식자) 爲草木(위초목) 飛禽(비금) 卵翼(난익) 走獸
(주수) 胎乳(태유) 飛禽(비금) 巢居(소거) 走獸(주수) 穴處(혈거) 蟲魚
之物(충어지물) 化生者最多而亦多生於水濕之地(화생자최다이역다
생어수습지지) 春生而秋死者(춘생이추사자) 草也(초야) 秋則葉脫而春
復榮華者(추즉엽탈이춘부영화자) 木也(목야) 其葉蒼翠(기엽창취) 其花
五色(기화오색) 其根深者(기근심자) 枝葉(지엽) 必茂(필무) 其有花者
(기유화자) 必有實(필유실) 虎豹犀象之屬(호표서상지속) 在於山(재어
산) 牛馬鷄犬之物(우마계견지물) 畜於家(축어가) 牛以耕墾(우이경간)
馬以乘載(마이승재) 犬以守夜(견이수야) 鷄以司晨(계이사신) 犀取其
角(서취기각) 象取其牙(상취기아) 虎豹(호표) 取其皮(취기피)

나는 것은 새가 되고, 달리는 것은 짐승이 되고, 비늘과 껍질이 있
는 것은 벌레와 물고기가 되고, 뿌리로 심은 것은 초목이 된다. 새
는 알을 날개로 품고, 짐승은 태로 낳아 젖을 먹이며, 새는 둥지에
서 살고, 짐승은 굴에서 살며, 벌레와 물고기는 변화하여 생기는 것
이 가장 많은데 물과 습한 땅에서 많이 자란다. 봄에 나왔다가 가을
에 죽는 것은 풀이고, 가을에 잎이 떨어졌다가 봄에 다시 꽃이 피는
것은 나무다. 그 잎은 푸르고 그 꽃은 여러 가지 색이니 뿌리가 깊
은 것은 가지와 잎이 반드시 무성하고, 꽃이 있는 것은 반드시 열
매를 맺는다. 호랑이, 표범, 코뿔소, 코끼리 등은 산에 있고, 소, 말,
닭, 개 등은 집에서 기르니 소로 밭을 갈고 말은 타거나 짐을 싣고
개로 밤을 지키고 닭은 새벽을 알리게 하며 코뿔소는 그 뿔을 취하

고 코끼리는 그 이빨을 취하고 호랑이와 표범은 그 가죽을 취한다.

여기에서는 짐승 중 산짐승, 집짐승의 종류를 간단히 제시하면서 호랑이, 표범, 코뿔소, 코끼리 등 사람이 기르지 않는 동물들을 산에 있다고 설명하고 있다.

稻粱黍稷(도량서직) 祭祀之所以供粢盛者也(제사지소이공자성자야) 豆菽麰麥之穀(두숙모맥지곡) 亦無非養人命之物(역무비양인명지물) 故(고) 百草之中(백초지중) 穀植(곡식) 最重(최중) 犯霜雪而不凋(범상설이부조) 閱四時而長春者(열사시이장춘자) 松柏也(송백야) 衆木之中(중목지중) 松柏(송백) 最貴(최귀)

벼, 조, 기장, 피는 제사의 제물로 차리는 곡식이고, 팥, 콩, 보리, 귀리 등 곡식은 또한 사람의 목숨을 기르는 물건들이다. 그래서 온갖 풀 중에 곡식이 가장 귀중한 것이고, 서리와 눈에도 시들지 않고 사철을 둘러보아 항상 푸른 것은 소나무와 잣나무이니 여러 나무 중에서도 소나무와 잣나무가 가장 귀하다.

중국의 어린이 훈몽서인 《삼자경((三字經)》에는 벼와 수수, 콩, 보리, 메기장, 찰기장과 같은 곡식은 사람들이 먹는 것이라고 서술되어 있다. 사람이 살아가기 위해 필요한 식량이 되는 것이 바로 곡식이다. 그래서 곡식은 여러 가지 풀 중에서 가장 귀중한 것이라고 했다.

조선시대 후기 학자 추사 김정희는 〈세한도〉에서 사제 간의 의리를 잊지 않는 인품을 날씨가 추워진 뒤에 가장 늦게 낙엽이 지는 소나무와 잣나무의 지조에 비유해 표현했다. 《논어》〈자한〉편에서도 "날씨가 추워진 연후에야 소나무와 잣나무가 늦게 시듦을 안다"고 하여 진정한 친구를 소나무와 잣나무에 비유했다.

> 水陸草木之花(수륙초목지화) 可愛者甚繁(가애자심번) 而陶淵明(이도연명) 愛菊(애국) 周濂溪(주렴계) 愛蓮(애련) 富貴繁華之人(부귀번화지인) 多愛牧丹(다애목단) 淵明(연명) 隱者(은자) 故(고) 人以菊花(인이국화) 比之於隱者(비지어은자) 濂溪(렴계) 君子(군자) 故(고) 人以蓮花(인이연화) 比之於君子(비지어군자) 牧丹(목단) 花之繁華者(화지번화자) 故(고) 人以牧丹(인이목단) 比之於繁華富貴之人(비지어번화부귀지인)

> 물과 육지에 사는 풀이나 나무의 꽃 중에는 사랑할 만한 것이 매우 많다. 도연명은 국화를 사랑했고, 주렴계는 연꽃을 사랑했고, 부귀하고 화려한 자는 다수가 모란을 사랑했다. 도연명은 은둔자였기 때문에 사람들이 국화를 은둔자에 비유하고, 주렴계는 군자였기 때문에 사람들이 연꽃을 군자에 비유하고, 모란은 꽃 중에서 화려한 것이기 때문에 사람들이 모란을 화려하고 부귀한 사람에 비유한다.

이는 중국 북송시대 성리학자 주렴계(주돈이)가 지은 〈애련설〉이라는 시의 일부를 각색한 내용이다. 그 내용은 대략 이렇다.

"물이나 육지의 풀과 나무의 꽃 중에 사랑스러운 것이 매우 많은데,

진나라의 도연명은 오직 국화를 사랑하였고, 이씨 당나라 때부터 세상 사람들은 모란을 매우 사랑했다. 나는 홀로 연꽃이 진흙에서 나오지만 물들지 않고, 맑은 물결에 씻기면서도 요염하지 않으며, 속이 비어 있고 겉이 곧으며, 넝쿨지지 않고 가지 치지 않으며, 향기가 멀리 갈수록 더욱 맑고, 우뚝 깨끗하게 서 있어 멀리서 바라볼 수 있지만 함부로 가지고 놀 수 없음을 사랑한다. 내 생각에 국화는 꽃 중에서 은자이고, 모란은 꽃 중에서 부귀한 자이며, 연꽃은 꽃 중의 군자라 여겨진다. 아! 국화를 사랑하는 이는 도연명 이후에 들은 적이 드물며, 연꽃을 사랑하는 이는 나와 같은 자가 몇이나 되겠는가? 모란을 사랑하는 이는 당연히 많을 것이다.”

이 시는 세상 사람들은 부귀의 상징인 모란을 좋아하지만 주돈이 자신은 군자의 품성을 가진 연꽃을 사랑한다고 말하며 세속적이지 않은 자신의 인품을 읊은 것이다.

物之不齊(물지부제) 乃物之情(내물지정) 故(고) 以尋丈尺寸(이심장척촌) 度物之長短(탁물지장단) 以斤兩錙銖(이근냥치수) 稱物之輕重(칭물지경중) 以斗斛升石(이두곡승석) 量物之多寡(량물지다과)

만물이 똑같지 않은 것이 바로 만물의 본성이다. 그러므로 심, 장, 척, 촌으로 만물의 길고 짧음을 재고, 근, 냥, 치, 수로 만물의 가볍고 무거움을 달고, 두, 곡, 승, 석으로 만물의 많고 적음을 헤아린다.

여기에서는 심(尋)·장(丈)·척(尺)·촌(寸)으로 길이의 단위를, 근(斤)·
냥(兩)·치(錙)·수(銖)로 무게의 단위를, 두(斗)·곡(斛)·승(升)·석(石)으로
분량의 단위를 설명하고 있다.

또한 〈물〉편에서는 만물의 수를 계산하는 것은 구구단보다 편한 것
이 없다고 하면서 구구단이라는 것을 구구팔십일의 수라고 설명했다.
오늘날 초등학교에 입학하기 전부터 가르치고 있는 구구단을 조선시
대 아이들도 공부했다. 구구단은 중국에서 만들어졌고 우리나라에서
는 백제시대부터 사용되었다.

사람이야기 〈인〉편 – 인간 세상의 질서를 가르치다

5

아이들이 읽어야 할 동몽서 중에서 《계몽편》 다음에 배우는 책은 《동몽선습》이었다. 이 책의 서문에는 오륜에 관한 이야기가 제시되어 있고 그 내용은 다음과 같다.

"하늘과 땅 사이의 만물의 무리 중에서 오직 사람이 가장 귀한데, 그 이유는 바로 오륜이 있기 때문이다."

《계몽편》에도 그러한 내용이 나온다.

萬物之中(만물지중) 惟人(유인) 最靈(최령) 有父子之親(유부자지친) 有君臣之義(유군신지의) 有夫婦之別(유부부지별) 有長幼之序(유장유지서) 有朋友之信(유붕우지신)

만물 가운데 오직 사람이 최고로 영특하니 부모와 자식 간에 친함
이 있으며, 임금과 신하 간에 의리가 있으며, 남편과 아내 간에 분
별이 있고, 어른과 어린이 간에 차례가 있으며, 친구 간에 신의가
있다.

《계몽편》에서는 인간을 "가장 영특한"이라 표현했고, 《동몽선습》에
서는 "가장 귀한"이라고 표현하고 있다. 이 세상에 존재하는 만 가지
무리 가운데 인간이 최고로 영특하고 귀한 존재라고 파악하는 이유는
바로 오륜이라는 도덕적 능력을 지니고 있기 때문이다. 이러한 도덕적
능력을 두고 맹자는 인륜을 강조했다.

"사람에게는 도리라는 것이 있는데 배불리 먹으며 따뜻한 옷을 입고
편안히 생활하면서 가르침이 없으면 짐승에 가까워진다. 이 때문에 성
인이 이를 걱정하시어 사람으로서의 질서를 가르치게 하셨다."

生我者爲父母(생아자위부모) 我之所生(아지소생) 爲子女(위자녀) 父
之父爲祖(부지부위조) 子之子爲孫(자지자위손) 與我同父母者爲兄
弟(여아동부모자위형제) 父母之兄弟爲叔(부모지형제위숙) 兄弟之子
女爲姪(형제지자녀위질) 子之妻爲婦(자지처위부) 女之夫爲婿(녀지부
위서)

나를 낳은 자는 부모가 되고, 내가 낳은 이는 자녀가 되고, 아버지
의 아버지는 할아버지가 되고, 아들의 아들은 손자가 되며, 나와 더
불어 부모를 함께하는 자는 형제가 되고, 부모의 형제는 아저씨가

되고, 형제의 자녀는 조카가 되고, 아들의 아내는 며느리가 되고, 딸의 남편은 사위가 된다.

이와 같이 사람의 혈연관계는 일정한 질서가 있고 그에 따른 호칭이 있다. 자기를 중심으로 하여 위로 4대는 '고조·증조·조부·부친'이다. 그리고 아래로 4대는 '아들·손자·증손·현손'이 된다. 이것을 모두 합하여 9대에 걸친 친족을 '구족(九族)'이라 부른다.

구족에 관한 이야기는 《서경》〈우서 요전〉편에 처음으로 보인다. "요임금은 자신의 큰 덕을 밝혀서 자신으로부터 구족을 화목하게 하여 나라에 이르게 하였고 나아가 천하에 이르게 하였다"는 구절이 있다.

人非父母(인비부모) 無從而生(무종이생) 且人生三歲然後(차인생삼세연후) 始免於父母之懷(시면어부모지회) 故(고) 欲盡其孝(욕진기효) 則服勤至死(즉복근지사) 父母沒(부모몰) 則致喪三年(즉치상삼년) 以報其生成之恩(이보기생성지은)
사람은 부모가 아니면 좇아서 태어날 수가 없고, 또한 사람은 태어나 세 살이 된 후에 비로소 부모의 품을 벗어나게 된다. 그러므로 효도를 다하고자 한다면 돌아가시기까지 부지런히 힘써 섬기고, 부모가 돌아가시면 삼 년 동안 상례를 지극히 해서 낳아 길러주신 은혜에 보답해야 한다.

사람은 부모의 사랑 없이는 이 세상에 태어날 수 없는 존재다. 아버지라는 씨앗이 어머니라는 밭에 뿌려져 그 씨앗이 영양분을 먹고 잎으로 꽃으로 나무로 성장할 수 있는 것이다. 이렇게 자식은 세상에 태어나 3년간은 부모의 품에서 성장해야 한다. 부모가 돌아가셨을 때 삼년상을 치르는 이유도 바로 여기에 있다.

《논어》〈양화〉편을 보면 공자는 제자인 재아에게 "자식은 태어나서 3년이 지나야 부모의 품에서 벗어날 수 있기에 부모를 위해 삼년상을 치르는 것이 천하에 공통된 상례다"라고 말했다.

凡人稟性(범인품성) 初無不善(초무불선) 愛親敬兄忠君弟長之道(애친경형충군제장지도) 皆已具於吾心之中(개이구어오심지중) 固不可求之於外面(고불가구지어외면) 而惟在我力行而已也(이유재아력행이불이야)

모든 사람의 타고난 성품은 처음에는 착하지 않음이 없어서 부모님을 사랑하고 형을 공경하며 임금에게 충성하고 어른을 공경하는 도리가 모두 마음 속에 이미 갖추어져 있으니 진실로 바깥에서 구할 것이 아니라 오직 내가 힘써 행하여 그치지 않는 것에 달려 있을 뿐이다.

공자는 인간은 누구나 선한 본성을 가지고 태어나는 도덕적 존재이고 인간이면 누구든지 교육을 통해 선한 사람이 될 수 있지만, 사사로운 욕심이 본성을 가릴 수 있기 때문에 항상 극기복례(克己復禮)하려고 노력해야 한다고 강조했다. 여기서 극기복례란 자신의 욕심을 버리고 인간이 본래 지닌 선한 마음을 되찾는 것을 말한다.

그래서 우리는 끊임없이 공부하고 열심히 스스로를 갈고닦지 않으면 안 된다.

평생의 처세법을 가르쳤던
《동몽선습》

제8장

66

유익한 벗이 세 종류가 있고 해로운 벗이 세 종류가 있으니,
정직한 사람을 벗하며 신실한 사람을 벗하며
식견이 많은 사람을 벗하면 유익하고,
편벽한 사람을 벗하며 구미만 맞추는 사람을 벗하며
아첨하는 사람을 벗하면 해롭다.
친구란 그 사람의 덕성을 보고 사귀는 것이다.

－《동몽선습》

99

어렸을 때부터 인간관계의 질서를 배웠던 조선의 아이들

1

우리나라 속담에 "찬물도 위아래가 있다"라는 말이 있다. 이는 윗사람과 아랫사람 사이에는 분명 순서와 질서가 있다는 의미로 윗사람을 공경해야 한다는 말이다.

한국은 전통적으로 농경사회였고 대가족 문화였다. 그래서 가족 내의 서열과 한 마을 안에서의 질서는 매우 중요한 부분이었다. 맹자는 "조정에서는 직위가, 향당에서는 나이가 제일 중요하다"고 말했다. 또 조선시대 어린이 필독서인 《동몽선습》 서문에도 "인간이 모든 만물 중에서 가장 존귀한 이유는 인간관계의 질서인 오륜이 존재하기 때문"이라고 서술되어 있다. 어른과 어린이, 교사와 학생, 노인과 젊은이 사이에는 반드시 지켜야 할 예절이 있고, 그 예절을 지키는 것이 바로 인간과 동물의 차이점이라는 의미다.

우리나라는 한때 '동방예의지국'이라 불리며 예절바른 나라로 칭송
받았다. 특히 유교문화가 바탕을 이루었던 조선시대의 사회구조는 어
른이 중심이었기 때문에 부모를 봉양하고 어른과 노인을 공경하는 경
로사상을 중시했다. 또한 어린 시기부터 사람다운 사람으로 성장하기
위한 기본 소양을 갖추는 교육을 받았다. 아동기 때부터 부모에 대한
효와 연장자에 대한 공경심을 기르도록 하였고, 이를 생활 속에서 실
천하도록 하는 교육이 우선시되었다. 도덕적 인격 형성과 가치 실현을
위한 인성교육에 중점을 두었던 것이다.

따라서 동몽교재의 주 내용은 아이들로 하여금 올바른 품성을 기르
도록 하는 예절교육을 강조했다. 그러나 예절은 아랫사람만 지켜야 하
는 것이 아니라 상호적인 것이다.《논어》〈헌문〉편을 보면 다음과 같이
말한다.

上好禮則民易使也(상호례즉민이사야)
윗사람이 먼저 예를 알고 지켜야 아랫사람과의 커뮤니케이션이 가
능하다.

우리나라 최초의
교과서
《동몽선습》

2

《동몽선습》은 조선시대 우리나라 최초의 교과서로 자리 매김했던 어린이 인성교육서다. 조선 중기 문신이었던 박세무가 저술한 책으로 오륜에 대한 내용이 책의 대부분을 차지한다. 《동몽선습》은 크게 두 가지 교육과정으로 구분된다. 책의 전반부는 유학의 핵심인 오륜에 대한 유교 윤리를, 후반부는 중국과 한국의 역사를 서술하고 있다.

《동몽선습》의 구성은 서문, 부자유친·군신유의·부부유별·장유유서·붕우유신 순서의 본문, 총론, 역사요의로 이루어져 있다. 서문에서는 만물 중에서 인간이 가장 존귀한 이유는 오륜이 있기 때문이라고 말하며 오륜의 중요성을 강조했다. 본문에서는 오륜에 대해 상세하게 설명했다. 그리고 총론에서는 하늘이 인간에게 부여한 가장 기본적인 도덕적 품성이 오륜이며, 이 오륜의 근원은 바로 효행이라고 강조했다. 마지막으로 역사에 관해서는 중국은 고대부터 명나라까지의 역사를, 우리나라는 단군시대부터 삼한, 삼국, 고려, 조선의 역사를 간결하지만 체계적으로 서술했다. 특히 역사를 다룰 때 중국사와 한국사를 같은 수준과 양으로 편찬한 점은 이 책의 특색이라 할 수 있다.

《동몽선습》에서
처세를 배우다

3

1) 서문 – 인간이 동물과 다른 점은 도덕이 있다는 것

天地之間萬物之衆(천지지간만물지중) 惟人(유인) 最貴(최귀) 所貴乎
人者(소귀호인자) 以其有五倫也(이기유오륜야) 是故(시고) 孟子曰(맹
자왈) 父子有親(부자유친) 君臣有義(군신유의) 夫婦有別(부부유별) 長
幼有序(장유유서) 朋友有信(붕우유신) 人而不知有五常則其違禽獸
(인이부지유오상즉기위금수) 不遠矣(불원의) 然則父慈子孝(연즉부자자
효) 君義臣忠(군의신충) 夫和婦順(부화부순) 兄友弟恭(형우제공) 朋
友輔仁然後(붕우보인연후) 方可謂之人矣(방가위지인의)

하늘과 땅 사이의 만물의 무리 가운데서 오직 사람이 가장 존귀하

다. 사람을 존귀하게 여기는 까닭은 오륜이 있기 때문이다. 이 때문에 맹자는 "부모와 자식 사이에는 친애함이 있어야 하며, 임금과 신하 사이에는 의리가 있어야 하며, 남편과 아내 사이에는 분별이 있어야 하며, 어른과 어린이 사이에는 차례가 있어야 하며, 친구 사이에는 신의가 있어야 한다"고 말씀하셨다. 사람으로서 오상이 있음을 알지 못하면 짐승과의 차이가 크지 않을 것이다. 그러므로 부모는 자식을 사랑하고 자식은 부모에게 효도하며, 임금은 신하에게 의리를 지키고 신하는 임금에게 충성하며, 남편은 가족을 화합하고 아내는 남편을 따르며, 형은 동생을 사랑하고 동생은 형을 존중하며, 친구는 서로 어질기를 도와준 뒤에야 비로소 그를 사람이라고 말할 수 있다.

흔히 인간을 '만물의 영장'이라고 한다. 영장이란 '영묘한 능력을 가진 우두머리'라는 의미로 다른 생물과 대비하여 이르는 말이다. 인간이 만물의 무리 가운데 가장 존귀한 존재가 될 수 있는 까닭은 바로 오륜이 있기 때문이다. 모든 인간에게는 도덕적인 능력(도덕성)이 내재해 있으며 일상에서 이러한 능력을 발휘하며 살아가고 있기 때문이다. 이를 두고 맹자는 다음과 같이 말했다.

"사람에게는 도리가 있는데 배부르게 먹으며 따뜻하게 입고 편안하게 거처하면서 가르침이 없으면 짐승에 가까워진다. 성인이 이를 근심하시어 설을 사도로 삼아 인륜을 가르치도록 했으니 그것이 부자유친, 군신유의, 부부유별, 장유유서, 붕우유신이다."

맹자는 기본적 인간관계를 다섯 가지 형태인 오륜으로 설명한다. 부모와 자식 간의 친함, 임금과 신하 간의 의리, 부부간의 분별, 어른과 어린이의 순서, 친구간의 신뢰다. 여기에서 눈여겨보아야 할 점은 인간관계를 절대 일방적인 것으로 보지 않고 상호적인 적인 것으로 본다는 점이다. 부모와 자식, 임금과 신하. 남편과 아내, 어른과 어린이, 친구 간 관계의 질서체계는 수직·수평적 관계이며 상호적 윤리체계다. 따라서 오륜은 쌍방이 지킬 때 유지될 수 있다.

2) 〈부자유친〉편 – 부모는 가르칠 의무가 있고, 자식은 효도해야 할 의무가 있다

父子(부자) 天性之親(천성지친) 生而育之(생이육지) 愛而教之(애이교지) 奉而承之(봉이승지) 孝而養之(효이양지) 是故(시고) 教之以義方(교지이의방) 弗納於邪(불납어사) 柔聲以諫(유성이간) 不使得罪於鄉黨州閭(불사득죄어향당주려) 苟或父而不子其子(구혹부이부자기자) 子而不父其父(자이불부기부) 其何以立於世乎(기하이립어세호) 雖然(수연) 天下(천하) 無不是底父母(무불시저부모) 父雖不慈(부수부자) 子不可以不孝(자불가이불효)

부모와 자식은 하늘이 정해준 친한 관계이기 때문에 (부모는) 자식을 낳아서 기르고 사랑하고 가르쳐야 하며, (자식은) 부모를 받들어 부모님의 뜻을 이어가고 효도하면서 봉양해야 한다. 그러므로 부모는 자식을 올바른 도리로 가르쳐서 나쁜 길로 빠지지 않게 해야 하며, 자식은 부모에게 부드러운 말로 잘못을 간하여 세상에서 죄를

짓지 않게 해야 한다. 만약 부모가 되어 자기 자식을 사랑하지 아니하며 자식이 되어 자기 부모를 받들지 아니하면 어찌 이 세상에 설 수 있겠는가. 그렇지만 천하에는 부모에게 바탕을 두지 않는 사람이 없으니 부모가 비록 자식을 사랑하지 않더라도 자식은 효도하지 않으면 안 된다.

중국에는 어린이들이 반드시 읽어야 하는 인성교과서가 있다. 바로 《삼자경》이다. 이 책은 유네스코(UNESCO) '아동도덕총서' 목록에 선정되었다. 《삼자경》은 서두에서부터 교육의 중요성에 대해 말한다.

"자녀를 양육하되 가르치지 않는다면 이는 부모의 과실이다. 자식으로 태어나 배우지 않는다면 옳은 일이 아니다. 어릴 때 배우지 않으면 나이가 든 후에 어찌하려고 하는가."

부모와 자식의 관계를 두고 천륜지간(天倫之間)이라고 한다. 하늘이 내려준 귀한 인연이 바로 부모와 자식의 관계다. 부모는 마땅히 자식을 사랑해야 하고, 사랑받은 자식은 그 사랑에 대한 보답을 해야 한다. 부모가 되면 자식을 기르고 사랑해주고 또 가르쳐야 한다. 기르고 사랑만 주어서도 안 된다. 반드시 교육해야 한다. 그렇다면 부모는 자식에게 무엇을 가르쳐야 하는가? 공자는 부모들에게 자식교육의 철학을 다음과 같이 말했다.

"부모들이여 아이들에게 집에서는 효도하는 것을, 밖에서는 공경하는 것을, 예절바르고 신뢰하는 것을, 모든 사람을 사랑하되 사람다운 사람과 가까이 지내는 것을 가르쳐라. 이것을 실천하고도 남은 힘이 있거든 글을 가르쳐도 늦지 않다."

오늘날은 교육의 최우선 목표가 '명문대학 진학'과 '취업'이라고 해도 과언이 아니다. 그 목표를 향해 아동기에는 학교수업과 학원수업으로, 중·고등학교 시기에는 입시교육 준비로, 대학 시기에는 취업 준비를 위한 스펙 쌓기에 매진한다. 그래서 효도니 공경이니 하는 교육은 뒷전이 되어버렸다. 그러나 공자는 인간다움의 기반을 쌓고 그 위에 지식을 쌓아야 한다고 강조했다. 특히 인성교육은 어릴 때부터 부모로부터 시행되어야 한다는 것이 공자의 교육철학이다.

3) 〈부부유별〉편 – 남편과 아내는 각자의 역할이 있다

夫婦(부부) 二姓之合(이성지합) 生民之始(생민지시) 萬福之原(만복지원) 行媒議婚(행매의혼) 納幣親迎者(납폐친영자) 厚其別也(후기별야) 須是夫敬其身(수시부경기신) 以帥其婦(이솔기부) 婦敬其身(부경기신) 以承其夫(이승기부) 內外和順(내외화순) 父母其安樂之矣(부모기안락지의)

남편과 아내는 두 성이 한 가정을 이루는 것으로, 백성이 태어나게 하는 바탕이며 모든 행복의 근원이 된다. 중매를 통해 혼인을 의논하며 폐백을 드리고 친히 맞이하는 것은 그 구별을 돈독하게 하기 위한 것이다.

모름지기 남편은 자기 몸을 삼가서 아내를 잘 거느리고, 아내는 자기 몸을 삼가서 남편을 잘 받들어서 안팎이 평화로워야 부모님께서 편안하고 즐거우실 것이다.

사회를 이루고 있는 기초 단위가 바로 가정이다. 한 사회에서 가정은 기초적인 구조 역할을 하기 때문에 매우 견고해야 한다. 가정은 남자와 여자가 부부의 인연으로 만들어진다. 남자와 여자는 다른 존재다. 겉모습, 옷차림, 행동, 역할 등이 서로 달라 각각 해야 할 일도 다르다. 그래서 '부부유별' 또는 '남녀유별'이라는 말이 있다. 혼인은 '인륜지대사'라고 할 만큼 삶에서 매우 중요한 일이다. 그래서 심사숙고해서 결정해야 한다.

사회적으로 남자와 여자는 각자의 역할이 있기 때문에 차별이 있어서는 안 되고 평등해야 한다. 부부는 상당 부분 서로 달라서 서로가 다른 부분을 인정하고 이해하면서 부부관계를 유지해가야 한다. 그래야 가정이 올바르게 설 수 있다.

현대에도 부부관계의 소중함을 일깨우기 위해 5월 21을 부부의 날로 제정했다.

4) 〈장유유서〉편 – 윗사람은 모범을 보이고, 아랫사람은 윗사람을 존중해야 한다

長幼(장유) 天倫之序(천륜지서) 兄之所以爲兄(형지소이위형) 弟之所以爲弟(제지소이위제) 長幼之道(장유지도) 所自出也(소자출야) 蓋宗族鄕黨(개종족향당) 皆有長幼(개유장유) 不可紊也(불가문야)

어른과 어린이는 하늘이 차례지어 준 관계다. 형이 형이 되는 까닭과 아우가 아우가 되는 까닭은 어른과 어린이의 도리에서 비롯된다. 대부분의 종족과 향당에는 모두 어른과 어린이가 있으니 이를 문란하게 해서는 안 된다.

　윗사람과 아랫사람의 관계에는 분명 질서가 있어야 한다. 이것은 인간관계에서의 이치다. 전통사회는 3대 이상이 함께 모여 사는 대가족 구조였기 때문에 장유의 관계 질서가 반드시 필요했다. 그래야 가족의 질서가 원만하게 유지될 수 있었기 때문이다.

　《동몽선습》〈장유유서〉 편에서는 아랫사람과 윗사람의 연령 차이를 기준으로 아랫사람이 윗사람을 어떻게 대해야 하는지에 대한 방법을 자세히 서술하고 있다.

　"천천히 걸어서 어른보다 뒤에 가는 것을 공손한 태도라고 이르고, 빨리 걸어서 어른보다 앞서 걸어가는 것을 공손하지 못한 태도라고 한다. 그러므로 나이가 갑절 많으면 부모님 섬기는 도리로 섬기고, 나이가 열 살이 많으면 형을 섬기는 도리로 섬기고, 나이가 다섯 살이 많으면 어깨 폭 만큼 뒤처져 따라간다. 어른은 어린 사람을 사랑하며 어린 사람은 어른을 공경해야 젊은이를 업신여기거나 어른을 능멸하는 폐단이 없어져서 사람의 도리가 바로 서게 될 것이다."

　물이 위에서 아래로 흐르는 것이 자연의 질서이듯이 인간관계에 있어서도 윗사람과 아랫사람 사이에 질서가 존재한다. 이러한 질서가 바로 세워지기 위해서는 윗사람의 모범적인 태도가 중요하다. 공자는 윗사람이 먼저 예를 좋아해야 아랫사람도 예를 좋아할 것이라고 말했다.

　"윗사람이 예를 좋아하면 백성이 감히 공경하지 않을 수 없으며, 윗사람이 의로움을 좋아하면 백성이 감히 순종하지 않을 수 없으며, 윗사람이 신의를 좋아하면 백성이 감히 진심으로 하지 않을 수 없다."

형이 쓰레기를 함부로 버리면서 동생에게 쓰레기를 버리지 말라고 강요한다면 과연 그 말을 따를까? 상사가 자신은 전혀 청소를 하지 않으면서 부하직원에게만 왜 청소를 하지 않느냐고 호통을 치면 청소를 하고 싶은 마음이 생기겠는가? 윗사람이 아랫사람에게 어떤 일을 시키거나 잘못을 지적할 때는 먼저 자신의 행동을 반성해보아야 한다. 자신의 몸가짐, 마음가짐이 올바르지 않으면 그 말은 절대 통하지 않을 것이다. 인간관계의 질서가 유지되기 위해서는 윗사람은 모범을 보이고 아랫사람은 윗사람을 존중하는 마음을 갖고 따르는 것이다.

5) 〈붕우유신〉편 – 나에게 모범이 될 만한 친구와 사귀어야 한다

朋友(붕우) 同類之人(동류지인) 益者(익자) 三友(삼우) 損者(손자) 三友(삼우) 友直(우직) 友諒(우량) 友多聞(우다문) 益矣(익의) 友便辟(우편벽) 友善柔(우선유) 友便佞(우편녕) 損矣(손의) 友也者(우야자) 友其德也(우기덕야) 自天子(자천자) 至於庶人(지어서인) 未有不須友以成者(미유불수우이성자) 其分(기분) 若疎而其所關(약소이기소관) 爲至親(위지친)

친구는 같은 또래의 사람이다. 유익한 벗이 세 종류가 있고 해로운 벗이 세 종류가 있으니, 정직한 사람을 벗하며 신실한 사람을 벗하며 식견이 많은 사람을 벗하면 유익하고, 편벽한 사람을 벗하며 구미만 맞추는 사람을 벗하며 아첨하는 사람을 벗하면 해롭다. 친구란 그 사람의 덕성을 보고 사귀는 것이다. 천자로부터 서민에 이르기까지 벗을 통해서 자신의 인격을 완성하지 않는 경우가 없으니 그 관계가 소원한 것 같지만 관련되는 바가 지극히 밀접한 것이다.

아이의 발달단계에서 또래 친구는 매우 중요한 요소 중 하나다. 또래는 평등한 관계이기 때문에 또래와의 관계를 통해 협동, 경쟁, 타협 등의 사회성을 연마하게 된다. 따라서 또래 친구와의 관계는 아이의 삶에서 중요한 역할을 한다. 스위스의 심리학자 피아제는 또래와의 상호작용이 아동에게 사회적 교류능력을 확장하게 하는 역할을 한다고 보았다. 또 교육심리학자인 비고츠키는 또래와의 상호작용을 통해 아이가 지적, 사회적 능력을 향상시킨다고 보았다.

《논어》〈계씨〉편을 보면 공자는 유익한 친구를 사귀고 해로운 친구는 타산지석으로 삼으라고 말했다.

"유익한 친구가 셋이 있고 해로운 친구가 셋이 있다. 정직한 친구, 성실한 친구, 보고 들은 것이 많은 친구는 유익하다. 외양만 중시하는 친구, 아첨하고 비위를 잘 맞추는 친구, 말만 번지르르하고 아는 것이 없는 친구는 해롭다."

이는 좋은 친구를 선택해서 사귀어야 자신의 삶에 도움이 된다는 뜻이다.

품격 있는 사람이 되기 위한 예절 학습서
《동자례》

제9장

66

예는 사람의 근본이며
사회생활을 원활하게 하기 위한
중요한 방법이다.

－《예기》

99

원만한
사회생활을 위한
첫걸음,
예절

1

아리스토텔레스는 "인간은 본성적으로 사회적 동물이다. 사회의 일원이 되지 않는 존재가 있다면 그것은 짐승이거나 신이다"라고 말했다. 그의 말처럼 인간은 사회적 존재이며, 사람과 사람이 서로 어울려 살아가기 위한 필수 덕목이 바로 예절이다. 여기서 '예(禮)'는 정성과 공경, 사랑을 담은 내적인 규범을 뜻하며, '절(節)'은 예를 몸으로 표현하는 형식으로서의 외적인 규범이라 할 수 있다.

사람의 모든 행동예절은 그 사람의 마음에서부터 출발한다. 바른 마음을 가질 때 자연스럽게 예절 바른 행동이 나타나게 되며 비로소 자신과 타인을 진정으로 배려하고 존중할 수 있게 된다. 우리 각자 스스로 몸과 마음의 관리를 잘하면 그것은 가정뿐만 아니라 사회, 더 나아가 국가에까지 영향을 미칠 수 있다.

조선시대에는 행실이 점잖고 어질며 덕성과 학식이 높은 사람을 '선비'라고 일컬었다. 선비가 되는 교육의 철칙은 지식의 습득보다는 인성공부를 우선시하는 것이었다. 그래서 어릴 때부터 자신의 이부자리를 정리하고 어른이 부르실 때는 즉시 대답하며 손님이 오면 공손히 맞이하는 등의 일상생활 예절과 기본 생활습관 교육을 매우 강조했다. 이러한 예절을 먼저 실천한 후에 비로소 학문의 길로 나아갈 수 있었기 때문에 이는 성적만을 강조하는 오늘날의 자녀교육과는 사뭇 달랐다.

선비정신을 기본으로 했던 종가의 자녀교육법도 집안의 가풍을 자연스럽게 몸에 익힐 수 있도록 어른이 먼저 모범을 보이고 항상 책을 가까이 하도록 가르치는 것이다. 집안 어른들은 품위 있는 행동거지와 말에 책임을 지는 모습을 몸소 실천하여 그 자녀들은 어른의 등만 보고도 자연스레 인성교육이 이루어졌다.

조선시대에는 아이들이 몸과 마음을 다스리는 예절을 배우는 학습서로《동자례(童子禮)》라는 책이 있었다. 이것은 의성 김씨 종가 사람이자 조선 중기 학자인 김성일이 편집한 책이다. 《동자례》는 '어린이가 배우는 예절'이란 뜻으로 중국의 《향교예집》에서 〈동자례〉 부분을 편집해서 만든 책이다. 이 책은 《예기》의 〈곡례〉편, 〈제자직〉편 등 일상생활에서 필요한 예절의 내용을 모아서 만들어졌다.

《동자례》의 내용은 크게 세 부분으로 구분할 수 있다. 첫째는 몸과 마음을 다스리는 예절, 둘째는 부모와 스승을 섬기는 예절, 셋째는 서당에서 행해야 할 예절이다. 그 구체적인 내용은 다음과 같다.

몸과 마음을
다스리는
예절

2

《동자례》의 몸과 마음을 다스리는 예절에는 관즐(盥櫛), 정복(整服), 차수(叉手), 숙읍(肅揖), 배기(拜起), 궤(跪), 입(立), 좌(坐), 행주(行走), 언어(言語), 시청(視聽), 음식(飮食)의 12개 내용으로 구성되어 있다. 각 주제에 따른 대략적인 내용은 다음과 같다.

1) 관즐(盥櫛) - 세수하고 머리 빗는 예절

晨興 (신흥) 卽當盥櫛(즉당관즐) 以飾容儀(이칙용의) 凡盥面(범관면) 必以巾帨遮護衣領(필이건세차호의령) 捲束兩袖(권속량수) 勿令沾濕 (물령첨습) 櫛髮必使光整(즐발필사광정) 勿令散亂(물령산란)

새벽에 일어나서 곧바로 세수하고 머리를 빗어 얼굴과 몸가짐을 단정하게 해야 한다. 무릇 얼굴을 씻을 때는 수건으로 옷깃을 가리고 양쪽 소매를 걷어서 물에 젖지 않도록 해야 한다. 머리를 빗을 때는 반드시 광택이 나고 단정하게 해서 흐트러지지 않게 해야 한다.

《예기》의 〈제자직〉편을 보면 "아이들은 밤에 자고 일찍 일어나서 청소하고 세수하고 양치를 끝내고 일의 처리는 각별해야 한다"고 말한다.

2) 정복(整服) – 옷을 단정하게 입는 예절

凡著衣(범착의) 常加愛護(상가애호) 飮食須照管(음식수조관) 勿令點汚(물령점오) 行路須看顧(행로수간고) 勿令泥淸(물령니청) 遇服役(우복역) 必去上衣(필거상의) 服只著短衣以便作事(복지착단의이편작사) 有垢破(유구파) 必洗浣補綴(필세완보철) 以求完潔(이구완결)

무릇 옷을 입을 때는 항상 더욱 아끼고 보호해서 마시고 먹을 때 잘 관리하여 더럽히지 않도록 하고, 길을 갈 때는 돌아보아서 진흙에 오염되지 않도록 하고, 일을 할 때는 반드시 상의를 벗고 짧은 옷만 입어서 일을 함에 편하도록 하고, 때 묻고 해어진 곳이 있으면 반드시 빨고 기워서 완전하고 깨끗하게 되도록 해야 한다.

3) 차수(叉手) – 두 손을 마주 잡는 예절

凡叉手之法(범차수지법) 以左手緊把右手大拇指(이좌수긴파우수대무지) 其左手小指(기좌수소지) 向右手腕(향우수완) 右手四指(우수사지) 皆直以左手大指向上(개직이좌수대지향상) 以右手掩其胸(이우수엄기

흉) 手不可太著胸(수불가태착흉) 須令稍離方寸(수령초리방촌)

무릇 두 손을 마주 잡는 방법은 왼손으로 오른손 엄지손가락을 당겨 잡고, 그 왼손 새끼손가락이 오른손 손목을 향하게 하고, 오른손 네 손가락은 모두 곧게 하여 왼손 엄지 위로 향하게 하고, 오른손으로 가슴을 가리되 손을 가슴에 너무 붙이지 말고 가슴에서 조금 떨어지게 해야 한다.

《예기》에서 말하기를 "손 모습은 공손하게 해야 한다"고 했다. 어린이에게 차수하는 법이 있음을 가르쳐야 절하고 읍하는 예를 순서대로 따라갈 수 있다.

현대에는 차수를 '공수'라고 하며, 남자는 왼손이 오른손 위로 올라가고 여자는 오른손이 왼손 위로 올라가도록 한다. 흉사 시에는 남자는 오른손이 왼손 위로, 여자는 왼손이 오른손 위로 올라가도록 해야 한다.

4) 숙읍(肅揖) – 정중한 인사 예절

凡揖時(범읍시) 稍闊其足(초활기족) 則立穩(즉립온) 須直其膝(수직기슬) 曲其身(곡기신) 低其首(저기수) 眼看自己鞋頭(안간자기혜두) 兩手圓拱而下(량수원공이하) 凡與尊者揖(범여존자읍) 舉手至眼而下(거수지안이하) 與長者揖(여장자읍) 舉手至口而下(거수지구이하) 皆令過膝(개령과슬) 與平交者揖(여평교자읍) 舉手當心而下(거수당심이하) 不必過膝(불필과슬) 然皆當手隨身起(연개당수수신기) 叉於當胸(차어당흉)

무릇 읍을 할 때는 발을 조금 넓게 벌리면 서기가 편안하다. 무릎을 곧게 하고, 몸을 굽히며 머리는 낮추고, 시선은 자기 신발의 앞부분을 보고, 두 손은 둥글게 맞잡고 아래로 내려야 한다. 무릇 어른에게 읍할 때는 손을 눈까지 들어 올렸다가 아래로 내리고, 윗사람에게 읍할 때는 손을 입까지 들어 올렸다 내리되 무릎을 지나도록 하고, 나이가 엇비슷한 사람에게 읍할 때는 손을 가슴까지 들어 올렸다가 내리되 무릎을 지날 필요는 없다. 그러나 모두 마땅히 읍한 뒤에는 손을 가슴에 이르러 차수한다.

읍을 할 때는 다리를 약간 벌리고 무릎을 곧게 펴고 몸을 앞으로 굽힌 후에 머리를 숙이고 시선은 자신의 신발 끝부분에 둔다. 읍에는 상읍, 중읍, 하읍이 있으며 어르신, 윗사람, 동년배에 따라 읍을 달리해야 한다.

5) 배기(拜起) - 절하며 일어서는 예절

凡下拜之法(범하배지법) 一揖少退(일읍소퇴) 再一揖卽俯伏(재일읍즉부복) 以兩手齊按地(이량수제안지) 先跪左足(선궤좌족) 次屈右足(차굴우족) 頓首至地卽起(돈수지지즉기) 先起右足(선기우족) 以雙手齊按膝上(이쌍수제안슬상) 次起左足(차기좌족) 仍一揖而後拜(잉일읍이후배) 其儀度以詳緩爲敬(기의도이상완위경) 不可急迫(불가급박)

무릇 아랫사람이 절하는 법은 한 번 읍하고 조금 물러나 다시 한 번 읍하고 곧 엎드려 두 손을 바닥에 가지런히 두고 먼저 왼발을 꿇은 다음 오른 발을 굽히고, 머리를 조아려 땅에 닿으면 곧 일어나되 먼저 오른발을 일으키고 두 손으로 가지런히 무릎 위를 누르고 그 다음 왼발을 일으키고 잇따라 한 번 읍한 뒤에 절한다. 그 거동과 태도는 온화하고 부드럽게 함으로써 공경함을 표현하고 급히 서두르지 않도록 한다.

6) 궤(跪) - 꿇어앉는 예절

低頭拱手(저두공수) 穩下雙膝(온하쌍슬) 腰當直竪(요당직수) 不可蹲屈(불가준굴) 背當稍曲(배당초곡) 以致恭敬(이치공경)

머리를 낮추고 공수를 하고 조용히 두 무릎을 내리고, 허리는 곧게 세워서 웅크리거나 구부리지 말고, 등은 조금 굽혀서 공경을 다해야 한다.

꿇어앉는 예절은 낮고 어린 사람이 어른을 섬기는 일상적인 모습이다. 물음을 청하거나 물건을 드릴 때도 꿇어앉아야 한다. 혹 어른이 뜻에 어긋나 성난 기색이 있으면, 큰 소리로 꾸짖음이 더해지기를 기다리지 말고 먼저 꿇어앉아 훈계와 꾸지람을 들어야 한다.

하지만 오늘날은 무릎을 꿇고 앉는 자세나 양반다리 자세를 하면 아이들의 무릎 관절에 좋지 않다고 해서 하지 않도록 권하고 있다.

7) 입(立) - 서 있는 예절

拱手正身(공수정신) 雙足相幷(쌍족상병) 必順所立(필순소립) 方位不

得歪斜(방위부득왜사) 若身與墙壁相近(약신여장벽상근) 雖困倦不得
倚靠(수곤권부득의고)

손을 맞잡고 몸을 바르게 하고 양쪽 발을 서로 나란히 하여 서 있는
자세가 반드시 곧아야 하고, 방향과 위치는 비뚤거나 기울면 안 되
며, 만약 몸이 벽에 가까이 있어도 비록 피곤하더라도 기대지 말아
야 한다.

《예기》〈곡례〉편에서는 "설 때는 반드시 방위를 바르게 해야 한다"
고 했으며, 또한 "서 있을 때는 기대서서는 안 된다"라고 말했다.

8) 좌(坐) – 앉는 예절

定身端坐(정신단좌) 斂足拱手(염족공수) 不得偃仰傾斜(부득언앙경
사) 倚靠几席(의고궤석) 如與人同坐(여여인동좌) 尤當斂身莊肅(우당
렴신장숙) 毋得橫臂(무득횡비) 致有妨碍(치유방애)

몸을 바르게 하여 단정히 앉아 발을 모으고 손을 맞잡아야 하며, 고
개를 숙이거나 쳐들거나 옆으로 비스듬히 기울이거나 안석에 기대
서는 안 된다. 사람들과 함께 앉을 때는 더욱 몸을 바르고 엄숙하게
단속하여 팔을 벌려서 남에게 방해가 되도록 해서는 안 된다.

9) 행주(行走) – 걷는 예절

兩手籠於袖內(양수롱어수내) 緩步徐行(완보서행) 擧足不可太闊(거
족불가태활) 毋得左右搖擺致動衣裾(무득좌우요파치동의거) 目須常顧

其足(목수상고기족) 恐有差悞(공유차오) 登高必用雙手提衣(등고필용
쌍수제의) 以防傾跌(이방경질) 其掉臂跳足(기도비도족) 最爲輕浮(최
위경부) 常宜收斂(상의수렴)

양손을 소매 안에 넣고 조용한 걸음으로 천천히 걷되 보폭을 너무
넓게 하지 말며, 좌우로 건들거려 옷자락이 펄럭이지 않도록 해야
하며, 눈은 늘 그 발을 돌봐서 잘못됨이 있을까 염려해야 하며, 높
은 곳에 오를 때는 반드시 양손으로 옷을 잡아서 쓰러지거나 넘어
지는 것을 막고, 팔을 흔들고 발은 뛰는 것은 가장 경박스럽게 보이
니 항상 마땅히 몸과 마음을 다잡아야 한다.

10) 언어(言語) – 말하는 예절

凡童子(범동자) 常當緘口靜黙(상당함구정묵) 不得輕忽出言(부득경홀
출언) 或有所言(혹유소언) 必須聲氣低俏(필수성기저초) 不得喧聒(부
득훤괄) 所言之事(소언지사) 須眞實有據(수진실유거) 不得虛誕(부득
허탄) 亦不得亢傲訾人(역부득항오자인) 及輕議人物(급경의인물) 如市
井鄙俚戲謔無益之談(여시정비리희학무익지담) 尤宜禁絶(우의금절)

무릇 어린아이는 항상 입을 다물고 조용히 침묵해야 하며 가볍게
말을 해서는 안 된다. 혹 말해야 할 것이 있으면 반드시 말소리를
낮추어 조용하게 하고, 시끄럽게 해서는 안 된다. 말한 바는 진실에
의거해야 하며, 허황하고 거짓되어서는 안 된다. 또한 교만하게 사
람을 헐뜯거나 아울러 가볍게 인물을 평론해서는 안 된다. 가령 저
잣거리의 속되고 실없는 농지거리와 같은 무익한 말은 더욱 마땅히

철저히 금지해야 한다.

11) 시청(視聽) - 보고 듣는 예절

收斂精神(수렴정신) 常使耳目專一(상사이목전일) 目看書(목간서) 則
一意在書(즉일의재서) 不可側視他所(불가측시타소) 耳聽父母訓誡
與先生講論(이청부모훈계여선생강론) 則一意承受(즉일의승수) 不可雜
聽他言(불가잡청타언) 其非看書聽講時(기비간서청강시) 亦當凝視收
聽(역당응시수청) 毋使此心外馳(무사차심외치)

정신을 가다듬어 항상 귀와 눈을 한곳에 집중해야 한다. 눈으로 책을 볼 때는 오로지 책에 뜻을 두어 다른 곳을 옆으로 봐서는 안 된다. 귀로 부모님의 훈계나 선생님의 강론을 들을 때는 오로지 받아들이는 데 뜻을 두어 다른 말을 섞어 들어서는 안 된다. 혹 책을 보거나 강론을 들을 때가 아니더라도 또한 자세히 보고 거두어 들어서 그 마음이 밖으로 돌아다니지 않도록 해야 한다.

12) 음식(飮食) - 먹고 마시는 예절

凡飮食(범음식) 須要斂身(수요렴신) 離案毋令太逼(리안무령태핍) 從
容擧筋(종용거저) 以次著於盤中(이차저어반중) 毋致急遽(무치급거)
將肴蔬撥亂(장효소발란) 咀嚼(저작) 毋使有聲(무사유성) 亦不得姿
所嗜好(역부득자소기호) 貪求多食(탐구다식) 安放椀箸(안방완저) 俱
當加意照顧(구당가의조고) 毋使失誤墜地(무사실오추지) 非節候及尊
長命(비절후급존장명) 不得飮酒(부득음주) 亦毋過三爵(역무과삼작)

무릇 음식은 자신을 절제하는 것을 원칙으로 해서, 밥상과 거리를 너무 가까이 하지 말며, 조용히 수저를 들어 차례로 밥 가운데에 놓고, 급하게 하여 반찬을 흩뜨려 어지럽혀 놓지 말아야 한다. 음식을 입에 넣고 씹을 때 소리가 나지 말도록 하고, 또한 즐기고 좋아하는 것을 탐하여 마음대로 많이 먹어서는 안 된다. 음식을 먹는 주발과 수저를 놓는 것은 다 마땅히 특별히 관심을 가지고 돌보아야 하며, 잘못하여 땅에 떨어뜨리지 않도록 해야 한다. 명절이나 웃어른의 명이 아니면 술을 마시지 말며, 또한 석 잔을 넘기지 말아야 한다.

《동자례》에서는 세수하고 머리 빗는 예절에서부터 의복, 공수, 인사, 서 있고 앉고 걷고 말하고 보고 듣고 마시고 먹는 일까지 아이들의 일거수일투족의 예절에 관해 서술하고 있다.

예절이라는 것은 먼저 개인의 바람직한 생활습관으로부터 시작된다. 잠자리에서 일어나면서부터 잠자리에 들기까지 생활 속에서 지켜야 할 세세한 행동예절이 많다. 이것을 어릴 때부터 배우고 익히게 되면 몸에 자연스럽게 배어 습관이 된다. 이를 실천한 아이가 성인이 되면 견디기 어려운 상황에 처하더라도 잘 극복할 수 있게 될 것이다. 이것이 바로 예절의 힘이다.《동자례》는 그러한 예절을 세세하게 알려주는 좋은 예절교육서다.

부모와
스승을
섬기는 예절

3

부모와 스승을 섬기는 예절은 쇄소(灑掃), 응대(應對), 진퇴 (進退), 온청(溫淸), 정성(定省), 출입(出入), 궤찬(饋饌), 시좌(侍坐), 수행(隨行), 해후(邂逅), 집역(執役)의 11개로 구성되어 있다.

1) 쇄소(灑掃) – 청소하는 예절

灑掃(쇄소) 以木盤置水(이목반치수) 左手持之(좌수지지) 右手以竹木之枝(우수이죽목지지) 輕灑堂中(경쇄당중) 先灑遠於尊長之所(선쇄원어존장지소) 請尊長就止其地(청존장취지기지) 然後以次遍灑(연후이차편쇄) 畢方取帚於箕上(필방취추어기상) 兩手捧之(량수봉지) 至當掃之處(지당소지처) 一手執帚(일수집추) 一袖遮帚(일수차추) 徐步却行

(서보각행) 不使塵及於尊長之側(불사진급어존장지측) 掃畢(소필) 斂
塵於箕(렴진어기) 出棄他所(출기타소)

물을 뿌리고 빗자루로 쓸 때는 나무 대야에 물을 담아서 왼손으로
대야를 잡고, 오른손으로 대나무가지를 들고 바닥에 가볍게 물을
뿌리되, 웃어른이 계신 데서 먼 곳을 먼저 뿌리고, 웃어른이 그곳에
옮겨 가시도록 청한다. 그런 뒤에 차례로 두루 물을 뿌린다. 마치면
쓰레받기 위에 빗자루를 받치고 양손으로 들고 쓸어야 할 곳에 이
르러 한 손으로는 비를 잡고 한 소매로는 비를 가려서 조용한 걸음
으로 뒤로 물러가서 먼지가 웃어른께 미치지 않도록 해야 한다. 쓸
기를 마치면 먼지를 쓰레받기에 거두어서 다른 곳으로 나가서 버려
야 한다.

물을 뿌리는 행위는 바닥에 먼지가 나지 않도록 하기 위해서고, 비
질을 하는 것은 먼지를 없애고 깨끗하게 하기 위함이다. 이것이 윗사
람을 섬기는 아랫사람의 직분이다.

2) 음대(應對) - 응하고 대답하는 예절

凡尊長呼召(범존장호소) 卽當隨聲而應(즉당수성이응) 不可緩慢(불가
완만) 坐則起(좌즉기) 食在口則吐(식재구즉토) 地相遠則趨而近其前
(지상원즉추이근기전) 有問則隨事實對(유문즉수사실대) 且掩其口(차엄
기구)

무릇 웃어른이 부르시면 곧바로 대답하고 느리게 해서는 안 되고,

앉아 있으면 일어나고, 음식이 입에 있으면 버리고, 멀리 있으면 빠른 걸음으로 그 앞으로 가까이 가서 물으시면 사실 대로 대답하고, 곧 입을 손으로 가린다.

여기에서 '응(應)'이란 부름에 응하는 것이고, '대(對)'란 물음에 답하는 것을 뜻한다. 어른이 부르시면 곧바로 대답하고 선생님께서 무엇인가를 물으시면 곧바로 일어나서 대답을 해야 한다.《예기》〈옥조〉편에서는 부모님이 부르시면 빠르고 공손하게 대답해야 하고, 손에 일을 잡고 있으면 멈추고, 음식이 입에 있으면 곧바로 뱉어내고 달려가 응해야 한다고 했다.

3) 진퇴(進退) – 나아가고 물러나는 예절

凡見尊長(범견존장) 不命之進(불명지진) 不敢進(불감진) 不命之退(불명지퇴) 不敢退(불감퇴) 進時當鞠躬低首(진시당국궁저수) 疾趨而前(질추이전) 其立處不得逼近尊長(기립처부득핍근존장) 須相離三四尺(수상리삼사척) 然後拜揖(연후배읍) 退時亦疾趨而出(퇴시역질추이출) 須從傍路行(수종방로행) 毋背尊長(무배존장) 且當頻加回顧(차당빈가회고) 恐更有所命(공갱유소명)

무릇 웃어른을 뵈었을 때 오라고 명하지 않으시면 감히 나아가지 않고, 물러가라고 명하지 않으시면 감히 물러나지 않는다. 나아갈 때는 몸을 굽히고 머리를 낮추어 빠른 걸음으로 앞으로 가서, 서는 위치는 웃어른께 너무 가까이 다가서지 말고, 삼사척(1미터 정도)

떨어져야 한다. 그런 다음 배례와 읍례를 하고, 물러날 때도 빠른 걸음으로 물러나되, 옆길을 따라가서 웃어른을 등지지 말아야 하고, 더욱 자주 돌아보아서 다시 명하시는 바가 있는지 살펴보아야 한다.

《예기》〈곡례〉편에서 말하기를 자리에 앉을 때는 아랫목에 앉지 말고 자리의 중앙에 앉지 않으며 길에서는 한가운데로 다니지 않으며 서 있을 때는 문 가운데 서지 않는다고 했다. 여기에서 '아랫목'은 방에서 가장 따뜻한 곳을 말하는데, 어른이 앉아야 하는 상석을 의미한다.

4) 온청(溫淸) - 부모님을 따뜻하고 서늘하게 모시는 예절

夏月侍父母(하월시부모) 常須揮扇於其側(상수휘선어기측) 以淸炎署及驅逐蠅蚊(이청염서급구축승문) 冬月則審察衣裘之厚薄(동월즉심찰의구지후박) 爐火之多寡(로화지다과) 時爲增益(시위증익) 幷候視窓戶罅隙(병후시창호하극) 使不爲風寒所侵(사불위풍한소침) 期父母安樂方已(기부모안락방이)

여름철 부모를 모실 때는 항상 부모님 옆에서 부채질을 하여 더위를 식히고 파리와 모기를 쫓아내야 한다. 겨울철에는 옷과 갖옷의 두텁고 얇음과 화롯불의 많고 적음을 자세히 살펴서 때맞추어 넣어주고, 창과 문의 틈새를 살펴서 바람과 추위가 들어오지 않도록 하여 부모님을 편안하게 해드린다.

여기에서 '온(溫)'은 따뜻함을 뜻하고, '청(淸)'은 시원함을 뜻한다. 이불을 따뜻하게 하고 베갯머리에서 부채질하는 등의 예절이다. 사시사철 부모님이 편안하게 지내실 수 있도록 살펴야 함을 강조하고 있다.

5) 정성(定省) – 부모님의 잠자리를 챙기고 문안 인사를 드리는 예절

十歲以上(십세이상) 侵晨先父母起(침신선부모기) 梳洗畢(소세필) 詣父母榻前(예부모탑전) 問夜來安否(문야래안부) 如父母已起(여부모이기) 則就旁先作揖後致問(즉취방선작읍후치문) 問畢(문필) 仍一揖退(잉일읍퇴) 昏時候父母將寢(혼시후부모장침) 則拂席整衾以待(즉불석정금이대) 已寢(이침) 則下帳閉戶而後息(즉하장폐호이후식)

열 살 이상이 되면 이른 아침에 부모님보다 먼저 일어나 머리를 빗고 세수를 마치고 부모님의 침상 앞에 나아가 밤 동안 편안하셨는지를 묻는다. 만일 부모님께서 이미 일어나셨으면 곁으로 나아가 먼저 읍을 한 다음 문안을 드리고, 문안을 마치면 이어서 읍을 하고 물러난다. 어두워지면 부모님께서 장차 주무실 것을 살펴서 자리를 펴고 이불을 정돈해서 기다리고, 이미 주무시면 곧 휘장을 내리고 문을 닫은 다음 쉰다.

여기에서 '정(定)'이란 잠자리를 편안하게 하는 것이고, '성(省)'은 안부를 묻는 것이다. 어린 시절부터 이와 같이 할 수 있도록 습관을 만들어주면 효도하고 공경하는 예절이 자연스럽게 만들어질 것이다.

6) 출입(出入) – 외출할 때와 귀가할 때의 예절

家庭之間(가정지한) 出入之節(출입지절) 最所當謹(최소당근) 如出赴
書堂(여출부서당) 必向父母兄娣之前(필향부모형제지전) 肅揖告出(숙
읍고출) 午膳與散學時(오선여산학시) 入必以次肅揖(입필이차숙읍) 然
後食息(연후식식)

가정에서는 출입하는 예절이 가장 신중해야 할 바이다. 예를 들어
서당에 갈 때는 반드시 부모와 형제의 앞에서 공손하게 읍을 하고
나가는 것을 알리고, 점심을 먹거나 공부를 마쳤을 때는 들어와서
반드시 공손하게 차례로 읍을 하고, 그런 다음에 밥을 먹고 쉰다.

어린아이의 성품은 제어하기 어렵고 길들이기 쉽지 않다. 부모가 지
나친 관용을 아이에 대한 사랑으로 착각하고 이와 같은 예절을 가르치
지 않거나 선생님 역시 가르치지 않으면 아이는 예의 바른 어른이 되
지 못할 수도 있다. 품격 있는 사람이 되기 위해서는 어린 시절부터 일
상생활에서 예절을 생활화하는 것이 중요하다.

7) 궤찬(饋饌) – 음식을 드리는 예절

凡進饌於尊長(범진찬어존장) 先將几案拂拭(선장궤안불식) 然後雙手
捧食器(연후쌍수봉식기) 置於其上(치어기상) 器具必乾潔(기구필건결)
肴蔬必序列(효소필서렬) 視尊長所嗜好(시존장소기호) 而頻食者(이빈
식자) 移近其前(이근기전)

무릇 웃어른께 음식을 차려드릴 때는 먼저 반드시 탁자를 깨끗이

닦고, 그런 다음 두 손으로 식기를 받치되, 그릇은 반드시 잘 마르고 깨끗하게 하고, 고기와 나물은 반드시 차례대로 차려놓고, 웃어른이 즐기고 좋아하시는 것을 살펴서 자주 드시는 것을 그 앞에 가까이 옮겨 놓는다.

음식을 드리는 일은 자식이 부모를 봉양하고 제자가 스승을 봉양하는 예다. 요즘 아이들은 어른을 위해 음식 차리는 일이 별로 없어서 이를 통해 공경하는 마음을 기르기 힘들고 버릇없는 기질을 다스리기 힘드니 음식을 드리는 예절을 익히게 한다면 매우 유익하다.

8) 시좌(侍坐) – 어른을 모시는 예절

凡侍坐於尊長(범시좌어존장) 目則常敬候顏色(목즉상경후안색) 耳則常敬聽言論(이즉상경청언론) 有所命(유소명) 則起立(즉기립) 尊長有倦色(존장유권색) 則請退(즉청퇴) 有請與尊長獨語者(유청여존장독어자) 則屏身於他所(즉병신어타소)

무릇 웃어른을 모시고 앉을 때는 눈은 항상 안색을 살피고, 귀는 항상 말씀에 귀 기울이고, 지시하시는 것이 있으면 곧 일어서야 한다. 웃어른이 피로한 기색이 있으면 물러나기를 청한다. 웃어른과 함께 홀로 말하기를 청하는 자가 있으면 다른 곳으로 몸을 피한다.

9) 수행(隨行) – 어른을 모시고 다닐 때의 예절

侍尊長行(시존장행) 必居其後(필거기후) 不可相遠(불가상원) 恐有所

問(공유소문) 如問己及(여문기급) 則稍進於左右(즉초진어좌우) 以便
應對(이편응대) 目之瞻視(목지첨시) 必隨尊長所向(필수존장소향) 有
所登陟(유소등척) 則先後扶持之(즉선후부지지) 與之携手而行(여지휴
수이행) 則以兩手捧而就之(즉이량수봉이취지) 遇人於途(우인어도) 一
揖卽別(일읍즉별) 不得舍尊長而與之言(부득사존장이여지언)

웃어른을 모시고 길을 갈 때는 반드시 그 뒤를 따라야 하되, 멀리
떨어져서는 안 되니 물으시는 것이 있을지를 염려해서다. 만일 그
물음이 나에게 미치면 곧 좌우로 나아가서 응대에 편리하도록 해야
한다. 눈으로 보는 것은 반드시 웃어른이 향하는 곳을 따르며, 오르
는 곳이 있으면 앞뒤에서 부축하고, 함께 손을 잡고 가면 두 손으로
받들고 나아간다. 길에서 사람을 만나면 한 번 읍하고 바로 헤어지
고, 웃어른을 놓아두고 그와 길게 대화해서는 안 된다.

윗사람보다 앞서서 걷는 것은 공손하지 않은 행동이다. 그러나 지나
치게 느리게 걷는 것 또한 예의가 아니다. 잘 살펴 적절하게 보조를 맞
추는 마음가짐이 필요하다.

10) 해후(邂逅) - 길에서 윗사람을 만났을 때의 예절

凡遇尊長于道(범우존장우도) 趨進肅揖(추진숙읍) 與之言(여지언) 則
對(즉대) 命之退(명지퇴) 則揖別而行(즉읍별이행) 如尊長乘車馬(여존
장승거마) 則趨避之(즉추피지) 或名分相懸(혹명분상현) 不必爲己下車
馬者(불필위기하거마자) 則拱立道傍(즉공립도방) 以俟其過(이사기과)

무릇 길에서 웃어른을 만나면 즉시 달려가서 정중하게 읍을 하고 더불어 말씀을 하시면 곧 대답하고, 물러가라고 지시를 내리시면 읍을 하고 물러나 길을 간다. 만일 웃어른이 수레나 말을 타셨으면 곧 서둘러 피하고, 혹 관직이 서로 큰 차이가 나서 나를 위하여 수레나 말에서 내리지 않아도 될 사람은 두 손을 맞잡고 길옆에 서서 그가 지나가기를 기다린다.

《예기》의 〈곡례〉편에서는 "스승을 길에서 만나면 곧장 달려서가 양 손을 모아 앞에 서는데, 아무런 말씀을 하지 않으시면 빠른 걸음으로 물러간다"라고 했다.

11) 집역(執役) – 시중드는 예절

凡尊長有所事(범존장유소사) 不必待其出命(불필대기출명) 卽當趨就
其傍(즉당추취기방) 致敬服役(치경복역) 如將坐(여장좌) 則爲之正席
拂塵(즉위지정석불진) 俱當正容專志(구당정용전지) 毋使怠慢差錯(무
사태만차착)

무릇 웃어른이 일하고 계시면 지시를 기다리지 말고 곧 마땅히 그 곁으로 달려 나아가 공경을 다해 일을 도와드려야 한다. 만일 앉으시려고 하면 그를 위해 자리를 바르게 하고 먼지를 털어야 한다. 모든 일에 몸가짐을 바르게 하여 성의를 다해야 하며 태만하거나 예에 어긋남이 없도록 해야 한다.

4

서당에서 행해야 할 예절에는 수업(受業), 삭망(朔望), 혼정(昏定), 거처(居處), 접견(接見), 독서(讀書), 사자(寫字)의 7개 내용으로 구성되어 있다. 그중 수업, 독서, 사자의 내용을 살펴보면 다음과 같다.

1) 수업(受業) – 가르침을 받는 예절

受業於師(수업어사) 必讓年長者居先(필양년장자거선) 序齒而進(서치이진) 受畢(수필) 肅揖而退(숙읍이퇴) 如欲請問(여욕청문) 當整衣斂容(당정의렴용) 離席前告曰(리석전고왈) 某於某事未明(모어모사미명) 某書未通(모서미통) 敢請(감청) 先生有答(선생유답) 卽宜傾耳聽受(즉의경이청수) 答畢復原位(답필복원위)

스승께 가르침을 받을 때는 반드시 연장자가 먼저 앉도록 양보하여 나이 순서대로 나아가서 가르침을 받는다. 수업을 마치면 정중하게 읍하고 물러난다. 만약 가르침을 받고자 하면 용모를 단정하게 하고, 자리를 떠나 앞에 나아가 고하여 말하기를, 제가 어떤 일에 밝지 못하며 어떤 글에 통하지 못하여 감히 청하옵니다 라고 한다. 선생님께서 답을 하시면 곧 마땅히 귀를 기울여 가르침을 듣고, 대답이 끝나면 원래의 자리로 돌아온다.

《예기》〈곡례〉편에서는 "스승께 가르침을 청할 때는 일어서서 하며 더 배우기를 청할 때도 일어서서 한다"라고 했다.

2) 독서(讀書) – 책을 읽는 예절

整容定志(정용정지) 看字斷句(간자단구) 務要字字分曉(무요자자분효) 毋得目視他處(무득목시타처) 手弄他物(수롱타물) 仍須細計遍數熟讀(잉수세계편수숙독) 如遍數已足而未成誦(여편수이족이미성송) 必欲成誦(필욕성송) 其遍數未足(기편수미족) 雖已成誦(수이성송) 必滿遍數方止(필만편수방지) 猶必逐日帶溫(유필축일대온) 及逐旬逐月通理(급축순축월통리) 以求永久不忘(이구영구불망)

몸가짐을 바르게 하고 생각을 안정시켜서 글자를 보고 글귀를 끊음에 글자마다 분명하게 알도록 힘쓰고, 눈은 다른 곳을 봐서는 안 되며, 손은 다른 물건을 가지고 놀지 말며, 이어서 반드시 읽은 횟수를 자세히 계산해 기록해 두되 익숙해질 때까지 읽는다. 만약 읽은

편수가 이미 다 차도 외우지 못했으면 반드시 외우고자 하고, 그 횟수가 차지 아니하고 비록 이미 외웠어도 반드시 그 횟수가 차면 비로소 그만두도록 한다. 다만 반드시 날마다 겸하여 복습하고 열흘마다, 달마다 이치를 깨달아서 오래도록 잊지 않도록 힘써야 한다.

책을 많이 읽는다고 해서 반드시 좋은 것은 아니다. 독서를 할 때 정성을 다해 열심히 읽으면 점차 쌓이게 되어 저절로 깨달음에 이르게 된다. 오늘날의 부모들은 자녀가 많이 기억하고 억지로 외우도록 해서 오직 점수를 올리는 데만 힘을 쏟는 경향이 있다. 그러다 보니 그저 맹목적으로 읽기만을 강요하게 되어 아이들은 읽은 내용을 이해하지 못하는 경우도 많다. 이와 같은 독서법은 아무리 많이 읽어도 이해력을 향상시킬 수 없기에 지양해야 한다. 많은 책을 읽는 것에 집착하기보다는 한 권을 여러 번 읽더라도 완전하게 이해하는 연습을 반복한다면 사고력 향상에 큰 발전을 이루게 된다.

3) 사자(寫字) – 글씨 쓰는 예절

凡寫字(범사자) 未問工拙(미문공졸) 切要專心把筆(절요전심파필) 務求字畫嚴整(무구자획엄정) 毋得輕易怠惰(무득경이태타) 致有潦草欹斜(치유료초의사) 幷差落塗註之病(병차락도주지병) 硏墨放筆(연묵방필) 毋使有聲(무사유성) 及濺汚于外(급천오우외) 其戲書硯面及几案上(기희서연면급궤안상) 最爲不雅(최위불아) 切宜戒之(절의계지)

글자를 쓸 때는 기교의 능함과 서투름을 따지지 말고, 마음을 오로지 한곳에 모아서 붓을 잡고 글자 획이 엄정하도록 힘써야 한다. 경솔하거나 태만하여 글씨가 조잡하거나 비뚤어지거나 틀리거나 빠지거나 덧칠을 해서도 안 된다. 먹을 갈고 붓을 놓을 때는 소리가 나거나 먹물을 튀겨서 더럽혀서는 안 되고, 벼루나 책상 위에 낙서를 하는 행동은 바르지 못하니 삼가야 한다.

중국 송나라 철학자 정자(程子)는 "나는 글씨를 쓸 때 매우 경건한 자세로 임한다. 이는 글씨를 잘 쓰려고 함이 아니라 이 자체가 하나의 배움이기 때문이다"라고 말했다. 심정필정(心正筆正), 즉 마음이 바르면 글씨도 바르다는 뜻이다. 차분하고 바른 마음으로 글씨를 쓰는 연습은 아이들의 인성 함양과 집중력 향상에 도움이 된다.

어떻게 살 것인가를 배우는 삶의 지침서
《격몽요결》

제10장

66

배우는 자는 항상 이 마음을 보존하여 사물이 (마음을) 이기지 않게 하고,
반드시 이치를 궁구하여 선을 밝힌 뒤에야 마땅히 실천해야 할 도리가
분명하게 앞에 나타나게 되어서 발전할 수 있는 것이다.
그러므로 도에 들어간다는 것은 이치의 궁구를 먼저 하고,
이치를 궁구한다는 것은 책 읽기를 먼저 해야 하니
이는 성현들께서 마음을 쓴 자취와 선과 악 중에서 본받고 경계해야 할 것이
모두 책에 쓰여 있기 때문이다.

−《격몽요결》

99

공부는 삶의 방향을 알려주는 나침반과 같다

1

오늘날 공부를 하는 목적은 '명문대학 진학'과 '취업'이기에 현대의 아이들에게 공부는 자율적 선택이 아닌 필수이자 의무가 되었다. 그러나 교육의 진정한 가치는 '사람을 사람답게 만드는 과정'에 있다. 율곡 이이는 《격몽요결》 서문에서 인간이 학문을 해야 하는 진짜 이유를 다음과 같이 서술하고 있다.

人生斯世(인생사세) 非學問(비학문) 無以爲人(무이위인) 所謂學問者(소위학문자) 亦非異常別件物事也(역비이상별건물사야) 只是爲父當慈(지시위부당자) 爲子當孝(위자당효) 爲臣當忠(위신당충) 爲夫婦當別(위부부당별) 爲兄弟當友(위형제당우) 爲少者當敬長(위소자당경

장) 爲朋友當有信(위붕우당유신) 皆於日用動靜之間(개어일용동정지
간) 隨事各得其當而已(수사각득기당이이) 非馳心玄妙(비치심현묘)
希覬奇效者也(희기기효자야)

사람이 이 세상을 살면서 학문을 하지 않으면 올바른 사람이 될 수
없다. 학문이란 이상하고 별다른 것이 아니다. 다만 부모는 자식을
사랑해야 하고, 자식은 효도해야 하고, 신하는 충성해야 하고, 부부
는 분별이 있어야 하고, 형제는 우애가 있어야 하고, 젊은이는 어른
을 공경해야 하고, 친구 사이에는 신의가 있어야 하는 것이다. 이것
은 모두 일상생활 속에서 일에 따라 각각 마땅하게 해야 할 따름이
니 마음이 신묘한 데로 끌리어 신통한 효과를 분수에 맞지 않게 바
라는 것이 아니다.

사실 사회에 나아가 사회생활을 하다보면 학교에서 배웠던 지식은
크게 쓸모가 없지만, 인간관계나 처세, 사람을 보는 눈 등 학교에서 배
우지 못한 삶의 지혜가 훨씬 중요하다는 것을 느끼게 된다.

우리 인생의 매 순간은 선택의 연속이다. 세상과 삶을 살아가는 방
법을 알아야 선택을 잘 할 수 있다. 사람답게 살아가기 위해 필요한 인
성능력, 타인의 마음을 이해하고 공감할 줄 아는 감성능력, 사물을 객
관적으로 인식하고 판정하는 지성능력 이 세 가지가 바로 그것이다.
그래서 평생에 걸쳐 공부하지 않으면 안 된다. 율곡 선생도 몸을 마칠
때까지 해야 할 사업이 공부라고 강조했다.

학문을 시작하는
아이들을 위한 교재
《격몽요결》

2

《격몽요결》은 조선 중기 대학자 율곡 이이가 1577년에 저술한 책이다. 율곡은 《격몽요결》 서문에서 해주 석담에서 배우기를 요청하는 학생들을 가르치기 위해 교재의 필요성을 느끼고 이 책을 저술하게 되었다고 밝혔다. 그리고 몸을 가다듬고 부모님을 봉양하고 사람을 대하는 방법을 서술하여 《격몽요결》이라는 이름을 지었다. 이 책은 《율곡전서》(총 38권)의 제27권에 있으며, 그 내용은 총 10장으로 구성되어 있다.

율곡은 《격몽요결》 서문에서 학문이란 일상생활에서 사람의 도리를 깨우치는 것이라고 강조했다. 즉 부모가 자식을 사랑하는 것, 자식이 부모님께 효도하는 것, 형제간에 서로 우애가 있는 것, 어른을 공경하는 것 등이다. 또한 이러한 학문의 구체적인 실천 덕목은 평상시 생활에서 실천하는 것으로 특별한 것이 아니라고 말했다. 다시 말해, 학문이라는 것이 우리 일상생활 속에 있다는 것을 깨닫지 못하고 특별한 사람이 하는 것으로 착각한 채 이를 포기해서는 안 된다는 뜻이다.

　제1장 〈입지〉에서는 학문의 첫 시작은 '뜻을 세움'에 있고 물러나서는 안 된다고 서술하고 있다. 제2장 〈혁구습〉에서는 조금의 구습이라도 몸에 남아 있지 않아야 배움에 나갈 수 있음을 강조하고 있다. 제3장 〈지신〉에서는 구용(九容)과 구사(九思), 즉 몸과 마음을 바르게 할 수 있는 방법을 설명하고 있다. 제4장 〈독서〉에서는 독서할 때의 자세와 독서의 순서에 대한 내용을 설명하고 있다. 제5장 〈사친〉에서는 자식이 부모에게 효를 실천하는 방법을 말하고 있다. 제6장 〈상제〉에서는 상례에 대해 논하고 있다. 제7장 〈제례〉에서는 제례에 대한 예법을 세부적으로 서술하고 있다. 제8장 〈거가〉에서는 가정생활에서의 형제, 부부 간의 예절과 자녀교육, 아랫사람을 다루는 법 등에 관해 설명하고 있다. 제9장 〈접인〉에서는 사회생활을 하는 데 필요한 기본 예절을 서술하고 있다. 제10장 〈처세〉에서는 인간의 사회적 책임과 소명의식이 개인적인 이해에 앞선다는 것을 강조하고 있다.

3

初學(초학) 先須立志(선수입지) 必以聖人自期(필이성인자기)
不可有一毫自小退託之念(불가유일호자소퇴탁지념) 蓋衆人與聖人
(개중인여성인) 其本性則一也(기본성즉일야) 雖氣質(수기질) 不能無
淸濁粹駁之異(불능무청탁수박지이) 而苟能眞知實踐(이구능진지실천)
去其舊染而復其性初(거기구염이복기성초) 則不增毫末而萬善具足
矣(즉불증호말이만선구족의) 衆人豈可不以聖人自期乎(중인기가불이성
인자기호) 故(고) 孟子道性善(맹자도성선) 而必稱堯舜以實之曰(이필
칭요순이실지왈) 人皆可以爲堯舜(인개가이위요순) 豈欺我哉(기기아재)

처음 배우는 사람은 먼저 뜻을 세우되 반드시 성인(聖人)이 되겠다
고 스스로 기약하여 털끝만큼이라도 자신을 작게 여기고 핑계 대려

는 생각을 가져서는 안 된다. 보통 사람이나 성인이나 그 본성은 같다. 비록 기질은 맑고 흐리거나 순수하고 잡됨의 차이가 없을 수 없지만, 만일 진리를 알고 실천하여 묵은 나쁜 습관을 버리고 그 본성을 회복하면 털끝만큼을 보태지 않고서 온갖 선이 그 안에 갖추어져 있을 것이다. 그러니 보통 사람들도 어찌 성인이 될 수 있다고 스스로 기약할 수 없겠는가? 그러므로 맹자께서는 사람의 본성이 선하다고 주장하시며 요임금과 순임금을 일컬어 실증하시며 "사람은 요임금과 순임금처럼 될 수 있다"고 하셨으니, 어찌 우리를 속였겠는가?

율곡은 처음 배우는 사람들에게 '입지(立志)'의 중요성을 강조했다. 《격몽요결》의 10장 중 첫 장을 〈입지〉라고 하면서 이것을 학문의 최우선 과제로 삼았다. 입지란 '뜻을 세우다'라는 의미다. 학문을 처음 시작하는 사람은 반드시 그 목적과 계획을 올바로 세워야 한다는 것이다. 그것은 사람은 누구나 노력을 한다면 성인이 될 수 있다는 것을 자각하는 일이다. 여기에서 사람이면 누구나 다 성인이 될 수 있다고 하는 근거는 바로 맹자의 '성선설'에 있다.

사람은 태어날 때부터 선한 본성을 가지고 있으며, 그 선한 본성을 잘 이루어 나가면 반드시 성인이 될 수 있다. 다시 말해, 입지는 어떠한 이익을 목표로 하는 것이 아니라 선(善)한 일을 하기 위한 목표를 세우는 것이다. 여기에서 선한 일이란 바로 학문이다. 그러므로 학문을 하는 이유는 선한 인간이 되기 위한 것이다. 성인은 가장 이상적인 선한 사람이지만, 사람이라면 배움을 통해 도달할 수 있는 '현실적인 인간' 임을 말하고 있다. 입지는 인성을 갖춘 사람이 되겠다고 자신에게 다짐하는 것이다.

이는 사실상 오늘날 아이들에게 가장 절실하게 필요한 교육이다. 어릴 때부터 경쟁을 위한 영어와 수학 과외를 시키기에 앞서 삶을 살아가는 가치관을 확립하게 하고 미래의 목표를 세우게 하는 교육이 더 절실하다. '입지'는 주입식으로 형성될 수 있는 것이 아니라, 아이 마음 속으로부터 우러나는 내적 변화라 할 수 있다. 스스로의 노력 없이는 절대 올바른 뜻을 세울 수 없다.

제2장
혁구습(革舊習) −
절제력은
어려서부터
길러야 한다

4

人雖有志於學(인수유지어학) 而不能勇往直前(이불능용왕직
전) 以有所成就者(이유소성취자) 舊習(구습) 有以沮敗之也(유이저패
지야) 舊習之目(구습지목) 條列如左(조열여좌) 若非勵志痛絶(약비려
지통절) 則終無爲學之地矣(즉종무위학지지의)

사람이 비록 학문에 뜻을 두었다 해도 용감하게 전진하여 (학문을)
성취하지 못하는 까닭은 옛 습관이 가로막고 있기 때문이다. 옛 습
관의 항목을 조목별로 열거하면 다음과 같으니 만약 뜻에 힘써 옛
습관을 뼈아프게 끊어버리지 않는다면 끝내 배운 것이 없게 될 것
이다.

어릴 때의 습관을 '제2의 천성'이라고 말한다. 교육학 박사 문용린 교수는 "도덕적 행동은 연습이 필요하다"라고 설명하면서 연습하지 않으면 도덕적 행동은 나오지 않는다고 말했다. 좋은 습관도 충분한 연습에서 만들어지는 것이다.

율곡은 "사람이 학문을 하고자 뜻을 세우고 목표를 위해 열심히 노력해도 이루지 못하는 이유는 바로 나쁜 습관이 있기 때문"이라고 말했다. 이러한 나쁜 습관은 자신의 끊임없는 수양으로 반드시 물리쳐야 한다는 것이다. 《격몽요결》에서는 학문의 뜻을 세우고 그것을 실천하는 데 방해가 되는 나쁜 습관을 여덟 가지 항목으로 나누어 서술했다.

其一(기일) 惰其心志(타기심지) 放其儀形(방기의형) 只思暇逸(지사가일) 深厭拘束(심염구속) 其二(기이) 常思動作(상사동작) 不能守靜(불능수정) 紛紜出入(분운출입) 打話度日(타화도일) 其三(기삼) 喜同惡異(희동오이) 汨於流俗(골어유속) 稍欲修飭(초욕수칙) 恐乖於衆(공괴어중) 其四(기사) 好以文辭(호이문사) 取譽於時(취예어시) 剽竊經傳(표절경전) 以飾浮藻(이식부조) 其五(기오) 工於筆札(공어필찰) 業於琴酒(업어금주) 優游卒歲(우유졸세) 自謂淸致(자위청치) 其六(기육) 好聚閒人(호취한인) 圍棋局戲(위기국희) 飽食終日(포식종일) 只資爭競(지자쟁경) 其七(기칠) 歆羨富貴(흠선부귀) 厭薄貧賤(염박빈천) 惡衣惡食(악의악식) 深以爲恥(심이위치) 其八(기팔) 嗜慾無節(기욕무절) 不能斷制(불능단제) 貨利聲色(화리성색) 其味如蔗(기미여자)

첫째, 마음과 뜻을 게을리하고 거동과 몸가짐을 함부로 해서 한가

하고 편안하기만을 생각하여 구속당하기를 매우 싫어하는 것이다.

둘째, 항상 움직일 것만 생각하며 고요함을 지키지 못하고, 분주히 드나들면서 쓸데없는 말만 하면서 세월을 보내는 것이다.

셋째, 남과 같은 것을 좋아하고 다른 것을 싫어하여 세속의 유행에 빠져 조금 행실을 닦고 삼가려고 하다가도 남들과 어그러질까 두려워하는 것이다.

넷째, 문장으로 세상에서 이름나기를 좋아하여 경전의 내용을 표절해서 화려하게 문장을 꾸미는 것이다.

다섯째, 쓸데없이 편지 쓰기에 공을 들이고 거문고 타기, 술 마시기를 일삼고 한가히 놀며 세월을 보내면서도 오히려 자기가 맑은 운치가 있다고 여기는 것이다.

여섯째, 한가한 사람들을 모아 바둑과 장기 두기를 좋아하고, 배불리 먹고 마시면서 하루를 보내고 남과 다툼을 일삼는 것이다.

일곱째, 부유하고 귀한 것을 부러워하고 가난하고 천한 것을 싫어하여 나쁜 옷과 나쁜 음식을 몹시 부끄럽게 여기는 것이다.

여덟째, 즐겨하고 좋아하는 욕심을 끊지 못하고 억제하지 못하며 재물과 음악과 여색에 빠져 그 맛을 사탕처럼 달게 여기는 것이다.

위에 서술된 8가지 항목 모두가 오늘날 아이들이 지켜야 할 습관교육과 직결되는 내용은 아니다. 하지만 목표를 이루는 데 방해가 되는 것은 절제하고 조절해야 함을 가르쳐야 한다는 점은 지금도 변함이 없다. 자신의 욕심을 절제하고 조절하는 극기공부는 평생에 걸쳐 해야 할 일이다. 더욱이 게임과 인터넷, 유흥 등 중독에 빠질 위험이 더 높은 환경에 살고 있는 현대에는 더욱 필요한 공부이기도 하다.

극기공부는 습관교육이다. 나쁜 습관을 절제하고 고치는 행위는 부단한 자기 노력이 필요하다. 여기에서 '습(習)'은 배움의 과정인 중요한 개념이다. 《논어》의 구절 중 "배우고 때때로 반복해서 익히면 또한 즐겁지 아니한가?"에서 '습(習)'은 배움의 연속을 의미한다. 따라서 습관은 반드시 어린 시기에 교육하고 길들여야 한다.

율곡은 아이들의 습관 형성에 반드시 필요한 내용들을 《소아수지》에서 17가지로 구분해 자세히 설명하고 있다. 《소아수지》는 어린이들이 반드시 알아야 할 일을 가르치는 교육지침서다. 내용은 크게 두 부분으로 나뉘는데 앞부분은 17가지의 구체적인 내용을 열거하고, 뒷부분에는 이것을 논벌하는 대원칙을 설명하고 있다. 그 17가지는 다음과 같다.

1. 不遵敎訓馳心他事(부준교훈치심타사) – 교훈을 따르지 않고 마음을 다른 일에 쏟는 것
2. 父母所令不卽施行(부모소령부즉시행) – 부모가 시킨 일을 곧바로 시행하지 않는 것
3. 不敬兄長發言暴悖(불경형장발언폭패) – 윗사람에게 공손하지 않고 말을 사납고 거칠게 하는 것
4. 兄弟不愛相與忿爭(형제불애상여분쟁) – 형제간에 우애 있게 지내지 않고 서로 다투는 것

5. 飮食相爭不相推讓(음식상쟁불상추양) - 음식을 서로 다투고 양보하지 않는 것

6. 侵侮他兒相與忿爭(침모타아상여분쟁) - 다른 아이를 해치고 업신여기며 서로 다투는 것

7. 不受相戒輒生忿怒(불수상계첩생분노) - 서로 경계하는 것을 받아들이지 않고 갑자기 화내는 것

8. 拱手不端放袖跛倚(공수부단방수파의) - 손을 단정히 두지 못하여 소매를 흩트리고 한쪽 발로 기대서는 것

9. 行步輕率跳躍踰越(행보경솔도약유월) - 걸음걸이가 진중하지 못하고 가벼워 뛰고 넘어 다니는 것

10. 好作戱謔言笑喧囂(호작희학언소훤효) - 실없는 농담을 좋아하고 말과 웃음소리가 야단스럽고 시끄러운 것

11. 好作無益不關之事(호작무익불관지사) - 무익하고 자신과 상관없는 일을 하기를 좋아하는 것

12. 蚤寐晩起怠惰不讀(조매만기태타부독) - 일찍 자고 늦게 일어나고 게을러 책을 읽지 않는 것

13. 讀書之時相顧雜談(독서지시상고잡담) - 책을 읽을 때 서로 돌아보며 잡담하는 것

14. 放心昏昧晝亦坐睡(방심혼매주역좌수) - 해이하고 정신이 없어 낮에도 앉아 조는 것

15. 好對閒人雜說廢業(호대한인잡설폐업) - 한가한 사람들 대하기를 좋아하여 잡담으로 시간을 버리는 것

16. 護短匿過言語不實(호단닉과언어불실) – 단점을 감싸고 과실을
   숨기며 말이 진실하지 않은 것

17. 好作草書亂筆汚紙(호작초서란필오지) – 초서 쓰기를 좋아하여
   어지러운 글씨로 종이를 더럽히는 것

重則一犯論罰(중즉일범논벌) 輕則三犯論罰(경즉삼범논벌)

큰 잘못은 한 번이라도 벌하고 작은 잘못은 세 번 모아서 벌한다.

제3장
지신(持身) –
올바른 몸가짐과
마음가짐 기르기

5

常須夙興夜寐(상수숙흥야매) 衣冠必正(의관필정) 容色必肅
(용색필숙) 拱手危坐(공수위좌) 行步安詳(행보안상) 言語愼重(언어신
중) 一動一靜(일동일정) 不可輕忽苟且放過(불가경홀구차방과) 收斂
身心(수렴신심) 莫切於九容(막절어구용) 進學益智(진학익지) 莫切於
九思(막절어구사)

항상 일찍 일어나고 밤늦게 자며, 의관은 반드시 단정하게 하고, 얼
굴빛은 반드시 엄숙하게 해야 한다. 손을 모으고 몸을 반듯하게 하
고 앉으며, 걸음걸이는 편안하고 조용히 하며, 말은 신중히 하여 일
거수일투족이라도 가볍고 소홀히 여겨 구차스럽게 지나쳐 버려서
는 안 된다. 몸과 마음을 바로잡는 데는 구용(九容)보다 더 절실한

것이 없다. 또 학문을 전진하게 하고 지혜를 더하게 하는 데는 구사
(九思)보다 더 절실한 것이 없다.

　여기에서는 부지런한 생활 태도와 단정한 몸가짐을 가지도록 권장
하고 있다. 의복은 바르게 입고, 얼굴빛은 엄숙하게 하며, 손의 모습은
공손하게 모으고, 앉는 모습은 단정하게 해야 하며, 걷는 모습은 편안
하고 조용히 하며, 말하는 모습은 신중하게 해야 한다. 몸가짐을 바르
게 해야 하지만 분명 이것을 방해하는 요인이 있으니 개인의 욕심을
버리고 타인과 함께 살아가야 함을 강조하고 있다.

　결국 율곡의 학문은 일상생활 속에서 거처할 때 공손히 하고, 일을
할 때 공경히 하며, 타인에게는 성실히 하는 것을 뜻한다. 또한 일상생
활에서 이루어지는 모든 행동은 예법에 맞는 몸가짐을 가져야 함을 강
조하고 있다.

　이와 같이 항상 올바른 몸가짐과 마음가짐을 가지라고 말하며 구용
과 구사의 중요성을 강조했다. 여기에서 구용은 몸과 마음을 가다듬는
데 중요한 것이고, 구사는 학문에 나아가 지혜를 더하는 데 필요한 것
이다.

　　所謂九容者(소위구용자) 足容重(족용중)(不輕擧也(불경거야) 若趨于尊長
　　之前則不可拘此(약추우존장지전즉불가구차)) 手容恭(수용공)(手無慢弛(수무만이)
　　無事則當端拱(무사즉당단공) 不妄動(불망동)) 目容端(목용단)(定其眼睫(정기안
　　첩) 視瞻當正(시첨당정) 不可流眄邪睨(불가류면사제)) 口容止(구용지)(非言語飮

食之時則口常不動(비언어음식지시즉구상부동)) 聲容靜(성용정)(當整攝形氣(당정섭형기) 不可出噦咳等雜聲(불가출얼해등잡성)) 頭容直(두용직)(當正頭直身(당정두직신) 不可傾回偏倚(불가경회편의)) 氣容肅(기용숙)(當調和鼻息(당조화비식) 不可使有聲氣(불가사유성기)) 立容德(입용덕)(中立不倚(중립불의) 儼然有德之氣像(엄연유덕지기상)) 色容莊(색용장)(顏色整齊(안색정제) 無怠慢之氣(무태만지기)))

구용이라는 것은 다음과 같다. 발걸음을 무겁게 한다(경솔하게 움직여서는 안 되지만, 만약 어른 앞에서 걸을 때에는 여기에 구애받지 않는다). 손의 모습은 공손하게 한다(손은 안이하게 두어서는 안 되는데, 일이 없을 때는 단정히 맞잡고 제멋대로 움직여서는 안 된다). 눈의 모습은 단정하게 한다(눈동자를 안정시켜 시선을 바르게 해야 하고 흘겨보거나 훔쳐보아서는 안 된다). 입의 모습은 다물고 있는다(말을 하거나 음식을 먹을 때가 아니면 입은 항상 움직이지 않는다). 목소리는 조용하게 한다(기운을 가다듬어 구역질을 하거나 트림을 하는 따위의 잡소리를 내서는 안 된다). 머리의 모습은 반듯하게 한다(머리를 바르게 하고 몸을 곧게 세워 한쪽으로 기울거나 기대서는 안 된다). 숨 쉬는 모습은 엄숙하게 한다(호흡을 고르게 할 것이고 소리가 나게 해서는 안 된다). 서 있는 모습은 덕이 있어 보이게 한다(가운데 서고 치우치지 않아서 엄숙하게 덕이 있는 기상이 있어야 한다). 얼굴빛은 씩씩하게 한다(얼굴빛을 단정히 하여 태만한 기색이 없어야 한다).

所謂九思者(소위구사자) 視思明(시사명)(視無所蔽則明無不見(시무소폐즉명무불견)) 聽思聰(청사총)(聽無所壅則聰無不聞(청무소옹즉총무불문)) 色思溫

(색사온)(容色和舒(용색화서) 無忿厲之氣(무분려지기)) 貌思恭(모사공)(一身儀

形(일신의형) 無不端莊(무불단장)) 言思忠(언사충)(一言之發(일언지발) 無不忠信

(무불충신)) 事思敬(사사경)(一事之作(일사지작) 無不敬愼(무불경신)) 疑思問

(의사문)(有疑于心(유의어심) 必就先覺審問(필취선각심문) 不知不措(부지부조)) 忿

思難(분사난)(有忿必懲(유분필징) 以理自勝(이리자승)) 見得思義(견득사의)

(臨財必明義利之辨(임재필명의리지변) 合義然後取之(합의연후취지))

또한 구사라는 것은 다음과 같다. 볼 때는 분명하게 볼 것을 생각한

다(사물을 볼 때 가리는 바가 없으면 분명하여 보지 못하는 것이 없다). 들을 때

는 분명하게 들을 것을 생각한다(들을 때 막히는 것이 없으면 분명하여 듣

지 못하는 것이 없다). 얼굴빛은 온화하게 할 것을 생각한다(얼굴빛을 온

화하고 부드럽게 하여 화를 내거나 사나운 기색이 없어야 한다). 행동은 공손

하게 할 것을 생각한다(일신의 태도가 단정하고 씩씩하지 않음이 없게 한

다). 말은 진실하게 할 것을 생각한다(한 마디 말이라도 진실하지 않음이

없게 한다). 일은 조심스럽게 할 것을 생각한다(한 가지의 일이라도 공경

하고 조심하지 않음이 없게 한다). 의문이 드는 것은 물을 것을 생각한다

(마음속에 의문이 생기면 반드시 먼저 깨달은 사람에게 나아가 자세히 물어서 모

르는 것을 그대로 두지 않는다). 화가 날 때는 후에 힘든 일이 생길 것을

생각한다(화가 나면 반드시 경계하여 이치로써 스스로 이겨내야 한다). 얻는

것이 있으면 정의로운 것인지를 생각한다(재물을 대해서는 반드시 의로

움과 이익의 구분을 밝혀 의로움에 적합한 뒤에야 취한다).

그리고 율곡은 이렇게 덧붙인다.

"항상 구용과 구사를 마음속에 두어 자신의 몸을 단속하여 잠깐 동안이라도 놓아 버리지 말아야 한다. 또한 이것을 자리의 귀퉁이에 써 붙여 놓고 때때로 눈여겨보아야 할 것이다."

제4장
독서(讀書) –
독서의
방법과 순서

6

學者常存此心(학자상존차심) 不被事物所勝(불피사물소승) 而必須窮理明善然後(이필수궁리명선연후) 當行之道(당행지도) 曉然在前(효연재전) 可以進步(가이진보) 故(고) 入道莫先於窮理(입도막선어궁리) 窮理莫先乎讀書(궁리막선호독서) 以聖賢用心之迹(이성현용심지적) 及善惡之可效可戒者(급선악지가효가계자) 皆在於書故也(개재어서고야)

배우는 자는 항상 이 마음을 보존하여 사물이 (마음을) 이기지 않게 하고, 반드시 이치를 궁구하여 선을 밝힌 뒤에야 마땅히 실천해야 할 도리가 분명하게 앞에 나타나게 되어서 발전할 수 있는 것이다. 그러므로 도에 들어간다는 것은 이치의 궁구를 먼저 하고, 이치를 궁구한다는 것은 책 읽기를 먼저 해야 하니 이는 성현들께서 마음을 쓴 자취와 선과 악 중에서 본받고 경계해야 할 것이 모두 책에 쓰여 있기 때문이다.

공부를 하는 목적은 우리 안에 내재해 있는 선을 알고 이것을 몸소 실천하기 위해서다. 따라서 궁리(窮理)를 통해 '선'과 '악'이 무엇인지를 분명히 알아야 한다. 여기에서 궁리란 '이치를 궁구하다'라는 의미로, 사물의 이치를 연구하여 정확한 지식을 얻는다는 뜻이다. 독서를 통해 선악을 제대로 밝히고 이것을 실천에 옮겨야 한다. 이는 옛 성현들의 말씀 속에 스며들어 있다. 따라서 독서는 매우 중요한 방법이라 할 수 있다.

그렇다면 독서는 어떻게 해야 하는 것일까? 독서하는 자는 반드시 공경하는 마음으로 책을 읽어야 한다. 또한 책에 나온 뜻을 자세히 생각하고 익숙하게 읽어서 그 의미를 이해하고 나오는 구절마다 이것을 실천하는 방법을 깊이 연구해야 한다. 만약 글자만 읽고 마음에 체득하고 실행하지 않는다면 독서하는 의미가 없다.

율곡은 독서에 일정한 순서가 있으며 각각 이유가 있다고 말했다. 독서하는 순서는 먼저 《소학》을 읽어 부모와 형, 어른, 스승을 대하는 도리를 알아야 하고, 《대학(大學)》과 《대학혹문(大學或問)》을 읽어 이치를 탐구하고 마음을 바로 하며 자기를 수양하고 남을 다스리는 도를 알며, 《논어》를 읽어 인(仁)을 구하고, 《맹자》를 읽어 의리와 이익을 밝게 분별하며, 《중용》을 읽어 성정의 덕을 터득하고, 《시경(詩經)》을 읽어 성정의 그릇됨과 바름을 알며,《예경(禮經)》을 읽어 사람이 행해야 할 예의를 익히고,《서경》을 읽어 중국 고대의 왕이 천하를 다스리는 법을 알며,《역경》을 읽어 인간사의 길흉과 개인의 생사와 국가의 존망 나아가서 벼슬을 하는 것과 물러나는 것 음기와 양기가 사그라들거나 자라나는 것을 알고,《춘추(春秋)》를 읽어 성인이 선을 상주고 악을 벌하는 것을 알며,《근사록》,《이정전서》,《주자대전》,《주자어류》와 기타 성리학 관련 책을 읽도록 했다.

독서를 할 때는 반드시 한 책을 익숙하도록 읽어서 내용을 숙지해야한다. 그렇게 이치를 이해하게 되면 다른 여러 가지 책을 읽어도 쉽게 이해하고 내용을 쉽게 파악할 수 있다.

제5장
사친(事親) -
부모를 섬기다

7

凡人(범인) 莫不知親之當孝(막부지친지당효) 而孝者甚鮮
(이효자심선) 由不深知父母之恩故也(유불심지부모지은고야) 詩不云
乎(시불운호) 父兮生我(부혜생아) 母兮鞠我(모혜국아) 欲報之德(욕보
지덕) 昊天罔極(호천망극) 人子之受生(인자지수생) 性命血肉(성명혈
육) 皆親所遺(개친소유) 喘息呼吸(천식호흡) 氣脈相通(기맥상통) 此
身(차신) 非我私物(비아사물) 乃父母之遺氣也(내부모지유기야) 故曰
(고왈) 哀哀父母(애애부모) 生我劬勞(생아구로) 父母之恩(부모지은)
爲如何哉(위여하재) 豈敢自有其身(기감자유기신) 以不盡孝於父母
乎(이부진효어부모호) 人能恒存此心(인능항존차심) 則自有向親之誠
矣(즉자유향친지성의)

무릇 부모에게 당연히 효도해야 한다는 것을 모르는 사람이 없음에도 효도하는 자가 정말로 드문 것은 부모의 은혜를 깊이 알지 못하기 때문이다. 《시경》에 이르지 않았던가. "아버지 나를 낳으시고, 어머니 나를 기르시니, 그 은덕을 갚고자 하나 하늘같이 끝이 없다." 자식이 생명을 받을 때 본성과 목숨, 혈육이 모두 부모가 남겨 주신 것이다. 숨을 쉬어 호흡하고 기맥이 서로 통하니 이 몸은 나의 사유물이 아니고 바로 부모께서 남겨 주신 기운이다. 그래서 《시경》에 "슬프고 슬프다. 부모님이여! 나를 낳으시느라 수고로우셨도다"고 하였으니 부모의 은혜가 어떠한가. 어찌 감히 스스로 그 몸을 소유하고서도 부모에게 효도를 다하지 않을 수 있겠는가? 사람이 항상 이 마음을 지닐 수 있다면 저절로 부모를 향한 정성이 생길 것이다.

효의 원칙과 규범을 수록한 《효경》 제1장에는 "대개 효도라는 것은 덕의 근본이고, 모든 교육은 여기서부터 생겨나는 것이다"라는 문장이 나온다. 교육은 효도의 가르침으로부터 시작한다는 뜻이다.

사람이 지켜야 할 다섯 가지 도리인 오륜의 내용 중 첫 번째로 제시하고 있는 원리도 바로 '부자유친(父子有親)'이다. "부모와 자식은 친함이 있다"로 해석되지만 그 친함은 단순한 의미에서의 '친하다'는 의미가 아니다. '부모와 자식은 하나의 몸이다'라는 의미이며, 이를 두고 율곡은 《시경》에 나오는 구절을 대신하면서 "자식이 생명을 받을 때 본성과 목숨, 피와 살은 모두 부모가 남겨 주신 것이다. 숨을 쉬어 호흡하

고 기맥이 서로 통하니 자식의 몸은 자신의 사유물이 아니고 부모님께
서 주신 기운이다"라고 표현하고 있다.

따라서 자식은 자신처럼 아끼고 사랑해주는 부모의 은혜를 알고 부
모가 주신 사랑에 보답하려 노력하는 것이 바로 효도다. 이것을 부자
유친, 즉 부모와 자식은 친함이 있다고 표현한 것이다.

제6장
상제(喪制) -
상례의 방법

8

喪制(상제) 當一依朱文公家禮(당일의주문공가례) 若有疑晦
處(약유의회처) 則質問于先生長者識禮處(즉질문우선생장자식례처) 必
盡其禮(필진기례) 可也(가야)

상례는 마땅히 오직 주자의 가례를 따라야 하니 만일 의심스럽거나
모르는 것이 있으면 선생이나 어른으로서 예를 아는 곳에 질문해서
반드시 그 예를 다하는 것이 옳다.

여기에서는 부모나 조부모가 돌아가셨을 때 상중의 예절을 자세히
설명하고 있다. 상례는 시대와 지역에 따라 차이가 있으며 또 복잡하
다. 따라서 상례는 주자의 《가례》의 예를 따라야 하며 잘 모르는 부분

은 반드시 어른이나 선생 중에서 예를 잘 아는 분에게 질문하여야 한다고 설명하고 있다.

증자는 "사람은 스스로 정성을 지극히 하는 경우가 있지 않으나, 부모의 상에는 반드시 지극히 해야 할 것이다"라고 하여 상례에 있어서 가장 중요한 것은 바로 정성임을 강조했다.

제7장
제례(祭禮) –
제사의 방법

9

喪祭二禮(상제이례) 最是人子致誠處也(최시인자치성처야) 已沒之親(이몰지친) 不可追養(불가추양) 若非喪盡其禮(약비상진기례) 祭盡其誠(제진기성) 則終天之痛(즉종천지통) 無事可寓(무사가우) 無時可洩也(무시가설야) 於人子之情(어인자지정) 當如何哉(당여하재) 曾子曰(증자왈) 愼終追遠(신종추원) 民德歸厚矣(민덕귀후의) 爲人子者(위인자자) 所當深念也(소당심념야)

상례와 제례 두 가지 예절은 자손으로서 가장 정성을 다해야 할 일이다. 이미 돌아가신 부모님을 뒤쫓아 봉양할 수 없으니 만약 상을 치를 때 예를 다하고 제사를 지낼 때 정성을 다하지 않는다면 평생 동안 남는 비통함을 붙일 곳이 없고 쏟을 만한 때가 없을 것이니 자식 된 심정에 마땅히 어떻겠는가? 증자가 말씀하시기를 "장례를 신중히 치르고 먼 조상을 추모하면 백성의 덕이 후한 데로 돌아가게 된다"고 하셨으니 자식 된 자가 깊이 생각할 바이다.

율곡은 제사는 반드시《주자가례》를 따라야 한다고 서술하며 제사의 절차에 관해 자세하게 설명하고 있다. 여기에서 '愼終追遠(신종추원)'이라는 표현은《논어》〈학이〉편 증자의 말씀에서 비롯된 것이다.

제8장
거가(居家) –
집에서의 예절은
사회생활의
기본이 된다

10

凡居家(범거가) 當謹守禮法(당근수례법) 以率妻子及家衆
(이솔처자급가중) 分之以職(분지이직) 授之以事(수지이사) 而責其成
功(이책기성공)

무릇 집에 거처할 때는 삼가 예법을 지켜서 아내와 자식 그리고 집
안 식구들을 거느려야 할 것이니, 그들에게 담당할 일을 나누어주
고 할 일을 맡겨서 그것을 이루기를 요구한다.

兄弟(형제) 同受父母遺體(동수부모유체) 與我如一身(여아여일신) 視
之(시지) 當無彼我之間(당무피아지간) 飲食衣服有無(음식의복유무)
…… 身心(신심) 豈得偏安乎(기득편안호)

형제는 부모에게서 몸을 함께 물려받았으니 나와 한 몸과 같은 것
이다. 그러니 저와 나라는 구분이 있게 보아서는 안 된다. 음식이나
의복의 있고 없는 것을 모두 마땅히 함께해야 한다. …… 이렇게 되
고 보면 그 몸과 마음이 어찌 한쪽만 편안할 수 있겠는가?

生子(생자) 自稍有知識時(자초유지식시) 當導之以善(당도지이선) 若
幼而不敎(약유이불교) 至於旣長(지어기장) 則習非放心(즉습비방심)
敎之甚難(교지심난) 敎之之序(교지지서) 當依小學(당의소학)
자식을 낳으면 조금씩 지식이 생길 때부터 선으로 인도해야 한다.
만일 어려서부터 가르치지 않고 이미 성장하게 되면 잘못된 것을
익히고 방심하게 되어 이를 가르치기가 매우 어렵게 되니 가르치는
차례는 마땅히 《소학》을 따라야 한다.

　여기에서는 가정에서의 예절 교육을 제시하고 있다. 부모님에 대한
효와 형제간에 지켜야 할 예절, 가정에서 지켜야 할 예절 등을 말한다.
또한 관례와 혼례는 《가례》를 기본으로 삼아야 한다고 서술했다.
　공자의 제자 유자는 "사람됨이 부모에게 효도하고 어른을 공경하면
서 윗사람에게 대들기를 좋아하는 사람은 드물고, 윗사람에게 대들기
를 좋아하지 않으면서 분란을 일으키는 것을 좋아하는 사람은 여태껏
보지 못했다. 군자는 근본에 힘쓰니, 근본이 바로 서야 도가 생긴다. 효
도와 공경은 인의 근본이다"라고 말했다. 효도와 공경은 사람됨의 기
본 요소임을 강조한 것이다.

유학에서는 형제자매는 한 부모에서 나왔으므로 결국 자신과 한 몸이라고 가르친다. 따라서 효와 제는 똑같이 중요하며 이러한 자세가 기반이 되어야 타인을 공경할 수 있는 것이다.

또한 율곡은 자식교육은 반드시 어려서부터 가르쳐야 한다고 강조했다. 어려서부터 교육하지 않으면 나쁜 습관이 고착화되어 성인이 되어서는 습관을 고치기가 어렵다는 것이다.

요즘은 유아기에 처세나 몸가짐과 마음가짐을 가르치기보다는 지식을 주입하는 교육에 치중하고 있다. 그러나 율곡이 말한 것처럼 어릴 때의 몸가짐과 버릇은 성인이 되어서도 이어지기에 성인이 되어 그런 교육을 하는 것은 이미 때가 늦었다고 할 수 있다. 율곡의 말은 현대 교육에 시사하는 바가 상당히 크다고 할 수 있다.

제9장
접인(接人) －
사회생활을 위한
처세법

11

凡接人(범접인) 當務和敬(당무화경) 年長以倍(연장이배) 則
父事之(즉부사지) 十年以長(십년이장) 則兄事之(즉형사지) 五年以長
(오년이장) 亦稍加敬(역초가경) 最不可恃學自高(최불가시학자고) 尙
氣凌人也(상기능인야)

무릇 사람을 대할 때는 마땅히 온화하고 공경하게 하도록 힘써야
하니 나보다 나이가 갑절이 많으면 아버지처럼 섬기고, 10년이 많
으면 형처럼 섬기고, 5년이 많으면 또한 약간 공경을 더하는 것이
다. 가장 해서는 안 되는 것은 학문을 믿고 스스로 높은 체하며 기
운을 숭상하여 남을 업신여기는 것이다.

擇友(택우) 必取好學好善(필취호학호선) 方嚴直諒之人(방엄직량지인) 與之同處(여지동처) 虛受規戒(허수규계) 以攻吾闕(이공오궐) 若其怠惰好嬉(약기태타호희) 柔佞不直者(유녕부직자) 則不可交也(즉불가교야)

벗을 고르되 반드시 학문을 좋아하고 선을 좋아하며 바르고 엄격하며 정직하고 성실한 사람을 취하여 함께 지내며 잡아주고 경계함을 겸허하게 받아들여 나의 결점을 다스리고, 게으르고 놀기를 좋아하며 유약하고 말재주만 뛰어난 사람은 사귀어서는 안 된다.

위의 내용은 사회생활을 할 때 반드시 필요한 기본적인 인간관계 예절에 대한 것이다. 타인을 대할 때는 항상 온화하고 공손하며 너그럽고 베풀 줄 알아야 한다. 또한 학문을 하면서 교만해져서 남을 업신여기는 마음을 가져서는 안 된다. 그리고 친구를 가리는 방법과 나이에 따라 사람을 대하는 예절, 선생님과 어른을 모실 때의 예절 등에 대해 설명하고 있다.

《논어》〈안연〉편에는 "군자는 글로써 벗을 모으고 벗으로써 인을 돕는다"라는 구절이 있다. 우리는 매일 다양한 사람들을 만나며 산다. 그중 자신의 생각을 함께 나눌 수 있는 친구를 만나는 것은 삶에서 큰 기쁨 중의 하나라 할 수 있다.

제10장
처세(處世) -
공부는
사람으로서
잘 살기 위한
과정이다

12

古之學者(고지학자) 未嘗求仕(미상구사) 學成(학성) 則爲上
者(즉위상자) 擧而用之(거이용지) 蓋仕者(개사자) 爲人(위인) 非爲己
也(비위기야) 今世則不然(금세즉불연) 以科擧取人(이과거취인) 雖有
通天之學(수유통천지학) 絶人之行(절인지행) 非科擧(비과거) 無由進
於行道之位(무유진어행도지위)

옛날의 학자들은 벼슬을 구한 것이 아니어도 학문을 이루면 윗사람
이 천거해서 등용되었다. 대체로 벼슬을 하는 사람은 남을 위했고
자신을 위하지 않았다. 지금의 세상은 그렇지 않아 과거로 사람을
뽑기에 비록 하늘의 이치를 통달한 학문과 남보다 뛰어난 행실이
있더라도 과거가 아니면 도를 행할 지위에 나아갈 길이 없다.

只是科業一事(지시과업일사) 是親情之所欲(시친정지소욕) 今旣不免
做功(금기불면주공) 則科業(즉과업) 雖與理學不同(수여리학부동) 亦
是坐而讀書作文(역시좌이독서작문) 其便於躬耕行傭負米(기편어궁
경행용부미) 不翅百倍(불시백배) 況有餘力(황유여력) 可讀性理之書
哉(가독성리지서재) 只是做科業者(지시주과업자) 例爲得失所動(례위
득실소동) 心常躁競(심상조경) 反不若勞力之不害心術(반불약노력지
불해심술) 故(고) 先賢曰(선현왈) 不患妨功(불환방공) 惟患奪志(유환
탈지) 若能爲其事而不喪其守(약능위기사이불상기수) 則科業理學(즉
과업리학) 可以並行不悖矣(가이병행불패의)

다만 과거공부 한 가지만이 부모가 바라는 것이므로 이제 이 공부
를 벗어날 수가 없게 되었다. 과거공부는 비록 성리학과는 같지 않
지만 역시 앉아서 책을 읽고 글을 짓는 것이어서 밭을 갈고 다니
며 품팔이하고 쌀을 지고 나르는 것보다 그 편함이 백배만 되는 것
이 아니다. 하물며 그 남은 힘으로 성리학에 관한 책을 읽을 수 있
지 않은가? 다만 이 과거공부를 하는 자들은 으레 과거에 성공하느
냐 실패하느냐에 동요되어 마음이 항상 조급하므로 도리어 힘을 수
고롭게 함이 마음을 해치지 않는 것만 못하다. 그러므로 옛 현인들
말씀에 "(과거공부가) 공부에 방해될까 걱정하지 말고 오직 뜻을 빼
앗길까 걱정하라"고 하였으니 만약 과거공부를 하면서도 그 분수를
잃지 않는다면 과거공부와 성리학공부를 병행해도 어긋남이 없을
것이다.

유아기부터의 교육은 한 인간의 가치관이 형성되는 시기라고 해도 과언이 아니다.《격몽요결》전체를 통해서 율곡은 배움의 중요성을 끊임없이 강조했다. 그는 사람이 태어나 평생 해야 할 사업이 바로 학문이라고 설파했다.

사실 율곡이 살았던 당시의 교육 풍토는 지금의 입시 풍토와 크게 다르지 않았다. 올바른 사람이 되기 위한 공부보다는 출세를 위한 과거공부가 더욱 중요했다. 이는 오늘날 강조하는 입시교육과 출세지향을 위한 교육과 일맥상통한다. 그래서 율곡은 과거를 위한 시험공부와 이치를 궁리하는 공부를 반드시 병행해 나갈 것을 강조하며 절대 한쪽에 치우친 공부를 하지 말라고 당부했다. 이 점은 현재의 교육과 현대인이 공부하는 자세에도 똑같이 해당되는 부분이다.

사회생활을 위한 사소한 예절 지침서
《사소설》

제11장

66

나는 사소한 예절을 잘 살펴서 그 허물을 적게 하려고 하였으나
돌아보면 잘못된 것이 있었다.
사람들은 항상 사소한 예절에는 얽매이지 말라고 말하지만
나는 일찍이 이는 올바른 도리에 어긋나는 말이라 생각했다.
《서경》에는 '조그만 행실을 조심하지 않으면 마침내 큰 행실을
잘못되게 한다'라고 했는데, 조그만 행실은 곧 사소한 예절을 말한다.

－이덕무

99

로봇이
인간을 대체하는
미래 사회에서는
인간 고유의 인성이
경쟁력이다

1

사람은 이 세상에 태어나면서 부모와 가족, 스승과 벗으로부터 끊임없이 배우며 사회생활의 기본적인 소양을 갖추게 된다. 이를 일러 '전인교육'이라 하는데 이것은 현재 우리나라 교육기본법의 교육 이념에도 명시되어 있다.

전통사회에서는 사람이 사람답게 살 수 있도록 하기 위해 필요한 전인교육 가운데 예절을 매우 강조했다. 이는 인간관계 및 사회질서를 유지하기 위한 힘이었으며, 수기(修己)와 치인(治人)의 근본이기도 했다.

계획에 관한 공자의 명언 공자삼계도에 이르기를 "일생의 계획은 어릴 때 있고, 일 년의 계획은 봄에 있고, 하루의 계획은 새벽에 있으니, 어려서 배우지 않으면 늙어서 아는 것이 없다"고 했다.

예절교육도 마찬가지다. 유아기부터 마음과 몸의 수양, 부모님에 대한 효, 형제간의 우애, 집안 청소, 손님 응대, 의복과 식사 예절 등 삶의 모든 영역에 걸친 몸가짐에 대한 교육이 반드시 필요하다. 이는 우리 전통사회에서는 선비가 되기 위한 교육의 궁극적인 목표이기도 했다. 유아교육에서 선비가 되는 교육의 목표는 어린 시절 현재를 위한 것이라기보다는 올바른 습관을 통해서 올바른 성인이 되기 위한 방법을 제시하는 것이었다.

조선의 어린이 예절교육서였던 《사소절》의 서문을 보면 저자 이덕무는 "나는 사소한 예절을 잘 살펴서 그 허물을 적게 하려고 하였으나 돌아보면 잘못된 것이 있었다. 사람들은 항상 사소한 예절에는 얽매이지 말라고 말하지만 나는 일찍이 이는 올바른 도리에 어긋나는 말이라 생각했다. 《서경》에는 '조그만 행실을 조심하지 않으면 마침내 큰 행실을 잘못되게 한다'라고 했는데, 조그만 행실은 곧 사소한 예절을 말한다"라고 했다. 이는 일상생활 속에서의 작은 예절이야말로 큰 예절로 나아가는 길임을 강조하는 것이다.

이처럼 올바른 인간으로서의 기준이 되는 행동예절에 관한 교육서가 《사소절》이다.

21세기는 지식정보화 사회를 거치면서 급속하게 세계가 하나로 통합되는 글로벌화가 진행되고 있다. 특히 미래사회의 주역이 될 유아들에게는 미래에 대한 무한한 가능성과 함께 그만큼의 많은 위험요소가 도사리고 있다. 전통적인 가족구조가 해체되고 점차 개인주의가 만연하게 됨으로써 유아 스스로 정체성을 확보해나가기 쉽지 않을 것이다.

또한 지식 위주의 직업은 로봇이 대체함으로써 우리의 아이들은 더더욱 설 자리를 잃어갈 것이다. 그 대안은 바로 인간 고유의 인성을 회복하고 타인과 더불어 살아가는 방법을 배우는 것이다. 그런 의미에서 지식을 습득하기 이전에 사람이 되는 교육을 먼저 배웠던 전통의 교육은 좋은 대안이 될 수 있다.

사소하지만 꼭 필요한 예절을 가르쳤던 《사소절》

2

《사소절》은 조선시대 정조 때 실학자인 이덕무가 1775년에 지은 책으로 일상생활에서 도덕적 수양을 위해 가져야 할 마음가짐과 몸가짐에 대한 행동규범을 담은 수신서(修身書)다. 이 책은 예의범절을 숭상했던 조선시대에 사람들이 사회생활에서 잘 지켜야 할 사소한 예절을 남자의 예법인 〈사전〉 5권, 부녀자의 예절인 〈부의〉 2권, 어린이의 규범인 〈동규〉 1권, 총 8권으로 구성하고 그 속에 924가지 내용을 실었다.

이덕무는 〈동규(童規)〉편에서 아이들의 흥미를 불러일으키는 시와 노래 등을 통해 예절 교육을 실시할 것을 강조했는데 이는 오늘날의 '놀이학습(에듀테인먼트(edutainment))'과 일맥상통한다. '놀이'는 어린이의 흥미와 요구를 반영할 수 있는 중요한 학습 수단이다. 이에 대해 플라톤도 《법률(Nomoi)》에서 훌륭한 사람이 되기 위해서는 어릴 적부터 수련을 해야 하는데, 이는 놀이를 통해서 아이들의 즐거움과 욕구를 이끌어내어야만 그 목적을 달성할 수 있다고 말했다. 아이들을 교육하는 일은 절대 강제로 해서는 안 되고 놀이 삼아 하도록 해야 한다는 말이다.

유아들의 규범을 상세하게 다루고 있는 〈동규〉편은 네 가지로 구성되어 있다. '동지'는 아이들의 몸가짐·마음가짐, 의복, 음식 등의 행동 예절을 다루고 있다. '교습'은 조기교육의 중요성, 유아교육의 목표를 담고 있다. '경장'은 부모 섬기는 법, 스승에 대한 공경, 어른과 손님에 대한 예의에 관한 내용을 실었다. '사물'은 아이들이 일과 물건을 접할 때 주의를 요하는 세세한 사항에 대해 상세히 언급하고 있다.

'동규'는 어린이의 규범이라는 의미로 이덕무는 동규를 지은 이유를 이렇게 말한다.

天賦性(천부성) 罔或慝(망혹특) 親遺身(친유신) 罔或忒(망혹특) 一念慮咸有則(일념려함유칙) 一動作咸有式(일동작함유식) 整爾衣(정이의) 節厥食(절궐식) 童無準(동무준) 長益仄(장익측) 撰童規(찬동규)

타고난 성품은 조금이라도 간악함이 없게 하고 부모님이 주신 몸은 조금이라도 어긋남이 없게 해야 할 것이니, 한 번 생각을 하는 데도 법칙이 있어야 하고, 한 번 행동을 하는 데도 격식이 있어야 한다. 의복을 단정히 하고 음식을 절제하는 등 어려서 표준이 없으면 자라서 더욱 잘못되는 법이다. 그리하여 여기에 어린의 규범을 짓는다.

이와 같이 이덕무는 어렸을 때부터의 교육이 중요하고 조기교육의 필요성에 대해 강조했다. 조기교육은 학령 이전의 어린이를 보육하고 적당한 환경을 제공하여 심신의 발달을 도모하기 위한 교육을 뜻한다. 이는 오늘날의 조기교육과는 다소 차이가 있다. 전통사회에서는 인성 중심의 조기교육이었다고 한다면 오늘날은 지식중심의 조기교육을 강조하고 있다.

동지(動止)·행동거지 —
어릴 때의 몸가짐이
바른 사람을
만드는 길이다

3

동지란 '움직이는 일과 멈추는 일'이란 뜻으로 행동거지를 말한다. 아동기는 기본적으로 기운이 넘치고 활기차게 움직이며 마음과 기운을 절제하지 못해서 과한 행동을 표출하는 시기다. 예나 지금이나 어린이의 특성은 별반 다르지 않다. 이덕무는 어린이들의 규범을 제시하면서 다음과 같이 조기교육의 중요성을 말했다.

童孺之象(동유지상) 穎超不至浮橫(영초부지부횡) 渾樸不至屛腐(혼박부지잔부) 不可了了無餘蘊(불가요요무여온) 只可肫肫有長進(지가순순유장진) 童子類多輕躁浮淺之習(동자류다경조부천지습) 百行之不完全(백행지불완전) 萬事之不堅固(만사지불견고) 皆由於此(개유어차)

故易曰(고역왈) 蒙養以正(몽양이정) 聖功也(성공야)

어린이의 기상이 영리하고 뛰어나더라도 들떠서 무례함에 이르지 않아야 하고, 무지하고 순박하더라도 나약함에 이르지 않아야 한다. 재능을 다 나타내서 남아 있는 재능이 없게 해서도 안 되는 것이니 다만 정성을 다하여 오래도록 발전할 수 있게 해야 할 것이다. 어린이들은 경솔하고 수선스럽고 들뜨고 천박한 버릇이 많은데, 온갖 행실이 완전하지 못하고 온갖 일이 군건하지 못한 것은 모두 이런 이유 때문이다. 그러므로 《주역》에서 말하기를 "무지몽매한 아이들을 기르고 가르쳐서 바른 사람으로 만드는 것이 위대한 성인의 공적이다"라고 하였다.

대체로 아이들은 급하게 말하고 빨리 걷는 특성이 있다. 부모는 아이의 잘못된 행동을 바로잡아 주어야 하는데, 이러한 교정(矯正)교육은 반드시 어린 시기에 이루어져야 한다.

이덕무는 "경솔한 점은 바로잡고, 게으른 점은 깨우쳐야 한다"라는 북송 시기의 학자 장재의 말을 인용하면서 어린이들이 이 점을 경계해야 함을 강조했다.

童子類多急語疾步(동자류다급어질보) 長者隨見隨禁(장자수견수금) 期於矯革可也(기어교혁가야)

어린이들은 대부분 말을 급하게 하고 걸음을 빨리하는데 어른들은 그것을 보는 대로 금지하여 기어이 바로잡도록 고쳐주어야 한다.

幼時不習危坐(유시불습위좌) 及長(급장) 體骨強梗(체골강경) 不耐整坐(불내정좌) 箕踞偏側(기거편측) 從而荒散(종이황산) 心亦傾邪(심역경사) 九容盡壞(구용진괴) 可哀也已(가애야이)

어릴 때 바르게 앉는 행동을 익히지 않으면 어른이 되어서는 뼈대가 굳어져 똑바르게 앉는 것을 견디지 못하고, 두 다리를 쭉 뻗고 앉거나 한편으로 기우뚱하게 앉게 되어 행동이 거칠고 어지러워지고, 마음 또한 간사한 데로 기울어져 아홉 가지 몸가짐이 다 허물어질 것이니 애석할 뿐이다.

坐必凭依(좌필빙의) 不耐久坐(불내구좌) 搖膝飜手(요슬번수) 厭避長者(염피장자) 輕踽麗浮(경교추부) 恒有高飛遠走之意者(항유고비원주지의자) 非令器也(비령기야) 若不矯氣革習(약불교기혁습) 後日不爲凶悖之行者(후일불위흉패지행자) 鮮矣(선의)

앉을 때 반드시 기대앉고, 오래 앉는 것을 견디지 못하여 무릎을 흔들고 손을 뒤척이고, 어른을 꺼려 피하는 사람과 경솔하고 교만하고 거칠고 들떠서 항상 멀리 달아나려는 사람은 좋은 인재가 아니다. 만약 기운을 바로잡고 버릇을 고쳐 주지 않으면, 훗날 패악한 행실을 하지 않는 사람이 드물 것이다.

교습(敎習)·가르치고 익힘 –
아이를
가르치는 것은
부모의 의무

4

이덕무는 〈동규〉편 '교습'에서 어린이를 가르칠 때는 반
드시 마음가짐을 공명하게 하고 학업을 정대하게 하도록 인도해야 한
다고 말했다. 그리고 아이가 성장하면 스승과 친구를 따라 공부하되,
반드시 바르고 단정한 사람들을 택하고 나쁜 무리와의 교제를 끊어 버
리고 경전의 가르침을 따라야 비로소 잡된 무리가 되지 않는다고 했
다. 사람은 사실 착한 사람이 되기는 어렵고 오히려 악한 사람이 되기
는 쉬운 법이다. 그래서 아이들을 가르치고 경계하는 데는 그들에게
좋은 것과 나쁜 것을 분명하게 제시하여 혹 나쁜 데 물드는 일이 없도
록 해야 한다고 강조했다. 그는 아동교육의 중요성을 망아지와 나무에
비유하면서 이렇게 말하고 있다.

生馬之駒(생마지구) 不能調習(불능조습) 不可以爲良驥(불가이위량
기) 穉松之苗(치송지묘) 不能培壅(불능배옹) 不可以成美村(불가이성
미촌) 故有子而不能敎(고유자이불능교) 猶棄之也(유기지야)

갓난 망아지는 엄격하게 잘 길들여 좋은 기술을 익히게 하지 않으
면 훌륭한 천리마를 만들 수 없고, 어린 소나무 모종은 잘 북돋아
기르지 않으면 훌륭한 재목을 만들지 못한다. 그러므로 자식이 있
으면서 잘 가르치지 않으면, 이는 오히려 버리는 것과 같다.

이덕무는 먼저 아이에게 시비호오(是非好惡)를 분명하게 가르쳐 나쁜
것에 물들지 않도록 예방해야 한다고 말했다. 효도와 공경, 충성과 신
의, 예절과 의리, 청렴과 수치 등을 실천하도록 가르치는 일이 어린이
교육의 목표였다. 그리고 이에 힘쓰도록 북돋우는 방법이 바로 '시와
노래'로, 이를 통해 아이들의 마음을 흥기시켜야 한다고 주장했다. 결
국 시를 통해 착한 것을 좋아하고 나쁜 것을 싫어하는 마음이 생기도
록 해야 한다는 것이다. 아이들의 마음을 감동시켜 선을 좋아하고 악
을 미워하는 마음을 갖게 하는 것이 바로 시의 역할이다.

凡歌詩(범가시) 須要整容定氣(수요정용정기) 淸朗其聲音(청랑기성
음) 均審其節調(균심기절조) 毋躁而急(무조이급) 毋蕩而囂(무탕이효)
毋餒而懾(무뇌이섭) 久則精神宣暢(구즉정신선창) 心氣和平矣(심기화
평의)

시를 노래하는 데는 몸가짐을 바르게 하고 기운을 안정시켜야만 맑

고 명랑하여 소리와 음이 고르니 그 음절과 가락을 살펴 조급하지 말고, 크고 시끄럽게 하지 말고, 굶주리거나 두려운 것처럼 하지 말아야 한다. 이것을 오래 연습하면 정신이 상쾌해지고 마음이 평안해질 것이다.

이처럼 시와 노래로써 마음을 북돋아 아이들이 예절을 익히도록 했다. 그리하여 아이들의 행동을 엄숙하게 하도록 하는 것이 교육의 주된 목표였다.

凡習禮(범습례) 須要澄心肅慮(수요징심숙려) 審其儀節(심기의절) 度其容止(도기용지) 毋忽而惰(무홀이타) 毋沮而詐(무저이사) 毋徑而野(무경이야) 從容而不失之迂緩(종용이불실지우완) 修謹而不失之拘局(수근이불실지구국) 久則禮貌習熟(구즉예모습숙) 德性堅定矣(덕성견정의) 亦如前分爲三班(역여전분위삼반) 日輪一班習禮(일륜일반습례) 餘皆就席(여개취석) 斂容肅覩(렴용숙도)

예절을 익히는 데는 마음을 맑게 하고, 생각을 엄숙하게 하고, 태도를 살피고, 몸가짐을 잘 헤아려 소홀하고 게을리하지 말고, 막히고 거짓되게 하지 말고, 빠르고 촌스럽게 하지 말아야 한다. 조용히 하면서도 느리고 더딘 실수가 없도록 하고, 정돈되고 삼가면서도 구애받고 머뭇거리는 실수가 없도록 해야 한다. 이것을 오래 닦으면 예절을 갖춘 모습이 익숙해지고 도덕적인 성품이 굳건해질 것이다. 또한 앞서 시를 노래할 때와 같이 학생들을 세 반으로 나누어서 날마다 한 반씩 돌아가며 예절을 익히고, 나머지는 다 자리에 앉아서 몸가짐을 단정히 하고 정숙한 몸가짐으로 보도록 한다.

또한 이덕무는 아이들의 수준별 교육방법에 대해 다음과 같이 설명했다.

凡授書(범수서) 不在徒多(부재도다) 但貴精熟(단귀정숙) 量其資稟(량기자품) 能二百字者(능이백자자) 只可授以一百字(지가수이일백자) 常使精神力量有餘(상사정신력량유여) 則無厭苦之患(즉무염고지환) 而有自得之美(이유자득지미) 諷誦之際(풍송지제) 務令專心一志(무령전심일지) 口誦心惟(구송심유) 字字句句(자자구구) 紬繹反復(주역반복) 抑揚其音節(억양기음절) 寬虛其心意(관허기심의) 久則義理浹洽(구즉의리협흡) 聰明日開矣(총명일개의)

무릇 글을 가르치는 일은 많이 가르칠 것이 아니라 다만 정독하여 잘 익혀 알게 하는 것이 중요하다. 그 자질과 성품을 헤아려서 200자를 배울 수 있는 사람에게는 다만 100자만을 가르쳐야 한다. 항상 정신적 역량에 여유를 가지게 한다면 공부를 하기 싫어하고 괴로워하는 근심은 없어지고 스스로 진리를 터득하는 좋은 습관을 갖게 될 것이다. 글을 외울 때는 마음을 한곳에 모으도록 하여 입으로는 외우고 마음으로는 생각하고 한 글자 한 글자의 참뜻을 찾아내어 반복하고 그 음절을 올리고 내리며 마음을 너그럽게 가지도록 힘써야 할 것이다. 이를 오래 계속하면 뜻과 이치가 마음속에 깊이 스며들고 총명함이 발전할 것이다.

이덕무는 아이들의 지적 발달 수준에 알맞게 교육을 시켜야 교육
의 효과를 극대화할 수 있다는 교육철학을 갖고 있었다. 부모의 욕심
으로 아이에게 과도한 양의 학습을 요구한다면 오히려 역효과가 날 수
있다. 이덕무는 기본 내용을 충실하게 가르쳐서 아이의 학습 역량보다
여유 있게 교육하는 것이 효과적이라고 지적하고 있다.

또한 그는 자신의 공부 방법을 예로 들며 반복학습의 중요성을 강조
했다.

課讀遍數(과독편수) 排定時刻(배정시각) 不可逾越(불가유월) 使之
參差(사지참차) 余幼時(여유시) 未嘗一日闕課(미상일일궐과) 朝受
四五十行(조수사오십행) 讀五十遍(독오십편) 自朝至暮(자조지모) 分
排五度(분배오도) 一度十遍(일도십편) 非疾病(비질병) 未嘗違舛(미상
위천) 功程恢恢而增長精神(공정회회이증장정신) 所讀之書(소독지서)
至今猶記大旨(지금유기대지) 余氣甚孱薄(여기심잔박) 故行遍之數
甚少(고항편지수심소) 若使才氣壯旺者(약사재기장왕자) 隨力爲程(수
력위정) 其進不可以極(기진불가이극)

책을 읽는 횟수는 일정한 시간을 배정하고 시간을 넘어서 어긋나게
해서는 안 된다. 나는 어릴 때 하루도 공부하기를 빼먹은 적이 없었
다. 아침에 40~50줄을 배워서 50번을 읽었는데 아침부터 저녁까
지 다섯 차례로 분배하고 한 차례에 열 번씩 읽었다. 아플 때가 아

니고는 이를 어긴 적이 없으니 공부하는 과정이 여유가 있고 정신이 증진되었다. 읽은 글은 지금도 그대로 대의를 기억하고 있다. 나의 기운은 너무도 약했기 때문에 양과 횟수는 매우 적었다. 만약 재주와 기질이 왕성한 사람에게 능력에 따라 과정을 정한다면 그 진보는 끝이 없을 것이다.

이덕무는 이처럼 반복학습의 효과를 강조했다. 아이가 올바른 학습 습관을 가지도록 하기 위해서는 일일 계획을 세우는 일과 글을 읽는 횟수와 시간을 나누어 정하는 것이 중요하다고 보았다. 또한 아이가 하루라도 공부를 하지 않으면 전날 했던 공부가 모두 허사가 된다고 하면서 지속적으로 공부하는 습관을 가지도록 강조했다.

경장(敬長)·어른을 공경함 –
어른을 대할 때의
세세한 예절

5

〈동규〉편 '경장'에서는 어린이에게 반드시 인정이 두텁고 신중하고 공경하며 근심하는 몸가짐을 가르쳐야 한다고 강조했다. 어렸을 때부터 이러한 마음을 가지도록 해야 성인이 되어서 스승과 벗을 공경할 줄 알고 타인을 배려하고 교만하게 굴지 않는 마음이 생기게 될 것이다.

童子徒恃嬌愛(동자도시교애) 或有不受父母之責(혹유불수부모지책)
盛氣辨白(성기변백) 有若角勝(유약각승) 然久而不改(연구이불개) 終
爲不順之子而已(종위불순지자이이)
단지 부모의 사랑만 믿고 (잘못을 저질러도) 혹 부모의 꾸짖음을 받아들이지 않고 기를 쓰고 변명하며 마치 승부를 겨루는 것처럼 하는 아이가 있다. 그러나 오래도록 고쳐 주지 않으면 결국은 어른의 뜻에 순종하지 않는 자식이 될 뿐이다.

或有敬父而畏縮(혹유경부이외축) 愛母而放弛(애모이방이) 畏縮則愛或未孚(외축즉애혹미부) 放弛則敬或未行(방이즉경혹미행) 故事父母(고사부모) 敬也愛也(경야애야) 均焉而已矣(균언이이의)

혹 아버지를 공경하지만 두려워하고 위축되거나, 어머니를 사랑하기는 하지만 버릇없이 구는 사람이 있는데, 두려워하고 위축되면 사랑하는 정성이 부족해지고, 버릇없이 굴면 공경하는 마음이 행해지지 못한다. 그러므로 부모를 섬김에는 공경하고 사랑하는 마음이 두루 있어야 할 따름이다.

對長者(대장자) 勿爬頭脂(물파두지) 刮齒垽(괄치은) 捫鼻涕(동비체) 挖耳垢(알이구)

어른을 대하고 앉아서 머리를 손가락으로 긁거나, 이 속의 음식 찌꺼기를 쑤시거나, 콧물을 닦거나, 귀지를 후비는 행동은 하지 말아야 한다.

見長者方食(견장자방식) 不可流涎而企之(불가유연이기지) 雖不與之(수불여지) 勿須恨也(물수한야) 孟子曰(맹자왈) 飮食之人(음식지인) 則人賤之(즉인천지)

어른이 바야흐로 식사하는 것을 보고 침을 흘리면서 바라보아서는 안 되고, 비록 주지 않더라도 원망스럽게 생각하지 말아야 한다. 맹자께서 말씀하시기를 "먹고 마시는 것만 좋아하는 사람은 남들이 천하게 여긴다"라고 하셨다.

長者出入(장자출입) 必起立(필기립) 長者有訓(장자유훈) 必拱手肅聽無遺(필공수숙청무유) 心有疑(심유의) 必謹問條理(필근문조리) 勿拘尊嚴置不辨(물구존엄치불변) 泛稱唯唯(범칭유유) 亦强曰已知之也(역강왈이지지야) 侍長者食(시장자식) 食才已(식재이) 勿投匙遽先起也(물투시거선기야)

어른이 나가고 들어올 때는 반드시 일어서고, 어른이 훈계할 때는 반드시 두 손을 모으고 정숙하게 들어 잊어버리지 말아야 하고, 의문이 드는 점이 있으면 반드시 조심스럽게 그 이치를 물어야 한다. 존엄에 구애되어 사리를 분별하지 못한 채로 그냥 "예예" 한다거나, 또한 억지로 이미 안다고 말해서는 안 된다. 그리고 어른을 모시고 식사를 할 때 먹자마자 수저를 놓고 급히 먼저 일어나서는 안 된다.

사물(事物)·이런 일 저런 일 –
예절은
올바른 마음가짐에서
나온다

6

〈동규〉편 '사물'에서는 아이들이 일과 물건을 접할 때 주의할 점을 세세하게 열거하고 있다.

童子多欲隨發而禁(동자다욕수발이금) 可爲吉人(가위길인) 凡見人之衣服器用玩好之物(범견인지의복기용완호지물) 勿羨也(물선야) 勿訾也(물자야) 勿偸也(물투야) 勿奪也(물탈야) 勿易也(물역야) 勿匿也(물닉야) 凡己之物(범기지물) 勿吝也(물린야) 勿耀也(물요야) 勿恨不如人也(물한불여인야)

어린이는 욕심이 많으니 그런 마음이 일어날 때마다 이겨내야 좋은 사람이 될 수 있다. 무릇 남의 의복, 그릇, 장난감을 보고서 부러워하지 말고, 헐뜯지 말고, 훔치지 말고, 빼앗지 말고, 바꾸지 말고, 감추지 말아야 한다. 무릇 자기의 물건은 인색하게 굴지 말고, 자랑하지 말고, 남의 것보다 못함을 한탄하지 말아야 한다.

兒時(아시) 愛護書帙者(애호서질자) 長必成學(장필성학) 勿以亂墨點抹(물이난묵점말) 勿以雜物(물이잡물) 挾置於冊葉之間(협치어책엽지간) 勿割白處以爲用(물할백처이위용)

아이 때 책을 사랑하고 아끼는 사람은 자라서 반드시 학문을 이룬다. 먹물로 더럽게 칠하지 말고 잡된 물건을 책장 사이에 끼워 놓지 말고 여백을 베어서 쓰지 말아야 한다.

同學童子所用紙筆(동학동자소용지필) 不可奪而專之(불가탈이전지) 自己紙筆(자기지필) 則慳而護藏(즉간이호장) 惟恐人用也(유공인용야)

함께 공부하는 아이의 종이와 붓을 빼앗아 독차지하고, 자기의 종이와 붓은 아까워 잘 간직하여 두고는 남이 쓸까 두려워해서는 안 된다.

夜饌勿多食(야찬물다식) 食後勿卽臥(식후물즉와) 凡飮食(범음식) 屑不可舌舐(설불가설지) 汁不可指挹(즙불가지읍) 當食勿放笑(당식물방소) 朝食不洗面(조식불세면) 命曰齷齪(명왈악착)

밤참을 많이 먹지 말고, 먹은 뒤에 즉시 눕지 말고, 무릇 음식을 먹을 때 부스러기를 혀로 핥지 말고, 국물을 손가락으로 찍어 먹지 말고, 밥을 먹을 때는 웃음을 터뜨리지 말고, 아침밥을 먹을 때 얼굴을 씻지 않은 사람을 이름하여 악착이라고 한다.

이덕무는 일상적인 예절을 지키는 데에 사람다운 길이 있다고 보았다. 특히 가소성이 풍부한 아동기에 나쁜 습관이 고착되지 않도록 생활 속에서의 예절교육을 강조했다.

현대에는 아이들의 습관을 세세히 관찰하여 지도할 수 있는 가정이 많지 않다. 때문에 아이는 스스로 해결해야 하는 일이 많아지고 마음 편한 대로 행동하다 보면 기본적으로 알고 익혀야 하는 공동생활의 예절을 바르게 습득하지 못한 채 자칫 버릇없는 아이로 성장할 수 있다. 이러한 문제가 지속되면 결국 많은 사회문제로 확산될 수밖에 없다.

이덕무가 강조하고 있는 핵심 내용은 바로 일상생활에서의 예절이다. 평상시 생활 속에서 예의바르게 행동하고, 가정에서 자식으로서의 도리를 다하고, 사회에서 자기의 책임을 다하는 것 등이다. 이것이 바로 현대교육에서 절실히 필요한 '예절교육'이기도 하다.

중국 전통사회의
어린이 학습서

부록

1

중국의 어린이
명상 교재
《명심보감》

1. 초학자가 공부했던 명구 모음집 《명심보감》

《명심보감(明心寶鑑)》은 '마음을 밝혀주는 보배로운 거울'이란 뜻으로 어린이부터 어른에 이르기까지 읽었던 책이다. "착한 일을 한 사람은 하늘이 복을 내리고 나쁜 일을 한 사람은 하늘이 재앙을 내린다." 이것은 이 책의 시작 첫 구절이다. 이처럼 《명심보감》은 중국 고전에 나오는 성현들의 명구를 통해 사람이 사람답게 살아가는 데 필요한 지혜를 구하고자 편집하여 엮은 책이다.

이 책 원본의 편찬자는 중국 명나라 범입본(范立本)이라는 설과 고려 충렬왕 때 예문관제학을 지낸 추적(秋適)이라는 두 가지 설이 있는데, 전자가 학계의 지지를 받고 있다.

주로 한문을 공부하는 초학자가 《천자문》을 배우고 《계몽편》, 《동몽선습》 등과 함께 기초과정을 공부하는 교재로 사용되었다.

《명심보감》의 이름처럼 이 책을 읽는 모든 부모는 마음을 밝게 하여 아이들의 거울이 되어 모범이 될 수 있을 것이다. 책은 다음과 같은 내용으로 구성되어 있다.

먼저 선행을 계승해야 한다고 하는 〈계선(繼善)〉편, 선행을 해야 모든 일이 순조롭다는 〈천명(天命)〉편, 운명에 순응해야 한다는 〈순명(順命)〉편, 부모의 은혜와 자신의 도리를 밝히는 〈효행(孝行)〉편, 몸을 바르게 하라는 〈정기(正己)〉편, 자신의 분수를 알아야 한다는 〈안분(安分)〉편, 마음을 보존해야 한다는 〈존심(存心)〉편, 성품을 경계하는 글 〈계성(戒性)〉편, 배움을 부지런히 해야 한다는 글 〈근학(勤學)〉편, 아이를 가르치는 글 〈훈자(訓子)〉편, 마음을 살피는 글 〈성심(省心)〉상·하편, 가르침을 세우는 글 〈입교(立敎)〉편, 정사를 다스리는 글 〈치정(治政)〉편, 집안을 다스리는 글 〈치가(治家)〉편, 의리를 편안히 여기는 글 〈안의(安義)〉편, 예를 따르는 글 〈준례(遵禮)〉편, 말을 조심하라는 글 〈언어(言語)〉편, 벗을 사귐에 대한 글 〈교우(交友)〉편, 부인의 행실에 대한 글 〈부행(婦行)〉편까지 총 20편의 글로 구성되어 있다.

2. 마음을 다스리고 밝히는 글

1) 〈계선〉편 – 끊임없이 선행을 실천하라

子曰(자왈) 爲善者(위선자) 天報之以福(천보지이복) 爲不善者(위불선자) 天報之以禍(천보지이화)

공자께서 말씀하셨다. "착한 일을 행하는 사람은 하늘이 복으로 보답하고, 착하지 않은 일을 하는 사람은 하늘이 재앙을 내린다."

莊子曰(장자왈) 一日不念善(일일불념선) 諸惡自皆起(제악자개기)

장자께서 말씀하셨다. "하루라도 선을 생각하지 않으면 모든 악이 저절로 다 일어날 것이다."

子曰(자왈) 見善如不及(견선여불급) 見不善如探湯(견불선여탐탕)

공자가 말씀하셨다. "선함을 보거든 미치지 못한 것처럼 하고, 선하지 않음을 보거든 끓는 물을 만진 것처럼 하라."

여기에서는 착한 일을 계속해야 함을 권고하고 있다. 착한 일을 권장하고 악한 일을 경계한다는 권선징악(勸善懲惡), 선을 행하면 선의 결과가 악을 행하면 악의 결과가 따른다고 하는 인과응보(因果應報), 콩 심은데 콩이 난다는 뜻으로 원인에 따라 결과가 생긴다는 종두득두(種豆得豆) 등의 사자성어와 직결되는 내용들이다.

부모는 아이와 함께 바른 이치를 알려주는 글을 읽으며 착하게 사는 법을 배우고 오만한 마음과 욕심을 다스리는 법을 알려주어야 한다.

2) 〈천명〉편 – 선행을 해야 모든 일이 순조롭다

孟子曰(맹자왈) 順天者存(순천자존) 逆天者亡(역천자망)

맹자께서 말씀하셨다. "하늘의 뜻을 따르는 사람은 살아남고, 하늘의 뜻을 거스르는 사람은 망한다."

益智書云(익지서운) 惡鑵(악관) 若滿(약만) 天必誅之(천필주지)

《익지서》에서 말했다. "나쁜 마음이 만일 가득 차면, 하늘이 반드시 그를 벨 것이다."

種瓜得瓜(종과득과) 種豆得豆(종두득두) 天網(천망) 恢恢(회회) 疎而不漏(소이불루)

오이를 심으면 오이를 얻고, 콩을 심으면 콩을 얻는다. 하늘의 그물이 넓고 넓어서 성기기는 하지만 빠트리지는 않는다.

우리 속담에 "콩 심은데 콩 나고 팥 심은데 팥 난다"는 말이 있다. 착한 일을 하면 복을 받고 나쁜 일을 하면 안 좋은 일을 당한다는 의미다. 이것이 자연의 이치다. 인간의 욕구는 끝이 없기 때문에 하늘은 경계의 의미로 인간으로 하여금 악한 행동에 상응하는 결과를 맞이하게 한다.

3) 〈순명〉편 – 하늘의 뜻에 순응하면 행운을 만날 수 있다

子曰(자왈) 死生有命(사생유명) 富貴在天(부귀재천)

공자께서 말씀하셨다. "죽고 사는 것은 운명에 있고, 부귀는 하늘에
달려 있다."

景行錄云(경행록운) 禍不可倖免(화불가행면) 福不可再求(복불가재구)

《경행록》에서 말했다. "화는 요행으로는 면할 수 없고, 복은 두 번
다시 구할 수 없다."

세상에는 자연스러운 이치라는 것이 있다. '하늘의 뜻에 따르라'는
의미는 억지로 무엇을 이루려고 해서는 안 된다는 경계의 표현이다.
요행을 바라지 않고 하루하루 최선을 다해 살다보면 행운은 저절로 따
라오게 된다.

4) 〈효행〉편 – 효도는 정성과 실천이다

太公曰(태공왈) 孝於親(효어친) 子亦孝之(자역효지) 身旣不孝(신기불
효) 子何孝焉(자하효언)

태공께서 말씀하셨다. "부모에게 효도하면 자식도 효도를 하니 자
신이 이미 효도하지 않았다면 자식이 어찌 효도를 하리오?"

孝順(효순) 還生孝順子(환생효순자) 忤逆(오역) 還生忤逆兒(환생오역
아) 不信(불신) 但看簷頭水(단간첨두수) 點點滴滴不差移(점점적적불

차이)

부모에게 효도하고 순종한 사람은 다시 효도하고 순종하는 자식을 낳고, 부모에게 거역한 사람은 다시 거역하는 자식을 낳게 된다. 만약 믿기지 않는다면 처마 끝의 낙수를 보라. 방울방울 떨어짐이 어긋남이 없다.

자녀에게 부모는 제1의 교사이며 거울이다. 부모가 어떠한 행동을 하느냐에 따라 아이는 달라진다. 부모는 아이가 어렸을 때부터 효도하는 품성을 지닐 수 있도록 가르쳐야 한다. 효도는 마음으로만 하는 것이 아니다. 따라서 부모는 자녀에게 효도하는 습관이 몸에 밸 수 있도록 가르쳐야 한다. 그러기 위해서는 부모가 먼저 모범을 보이는 것이 중요하다. 공자는 자녀를 교육할 때 첫 번째로 강조했던 것이 바로 효도였다.

5) 〈정기〉편 – 자신을 먼저 바르게 하라

近思錄云(근사록운) 懲忿如救火(징분여구화) 窒慾如防水(질욕여방수)

《근사록》에서 말하였다. "분함을 참는 것을 불을 끄듯이 하고, 욕심을 막기를 물을 막는 것처럼 해야 한다."

太公曰(태공왈) 欲量他人(욕량타인) 先須自量(선수자량) 傷人之語(상인지어) 還是自傷(환시자상) 含血噴人(함혈분인) 先汚其口(선오기구)

태공께서 말씀하셨다. "타인을 판단하고자 한다면 먼저 자신부터 헤아려야 할 것이다. 남을 해치는 말은 도리어 자신을 해치는 것이고, 피를 입에 물고 남에게 뿜는 것은 먼저 자신의 입을 더럽히는 것과 같다."

우리는 수많은 사람과의 관계 속에서 살아가게 되는데, 여기에서 중요한 것은 타인과의 원활한 소통이다. 원만한 인간관계를 위해서는 먼저 자신을 닦아야 한다. 자신을 돌아보고 바르게 해야 상대의 입장을 헤아리고 상대를 이해할 수 있기 때문이다. 결국 모든 인간관계는 자신으로부터 시작되는 것이기에 나를 먼저 바르게 해야 하는 일이 중요하다.

6) 〈안분〉편 – 만족하고 그만둘 줄 아는 지혜

景行錄云(경행록운) 知足可樂(지족가락) 務貪則憂(무탐즉우)

《경행록》에서 말했다. "만족할 줄 알면 즐거울 수 있을 것이고, 탐욕에 힘쓰면 근심하게 된다."

知足常足(지족상족) 終身不辱(종신불욕) 知止常止(지지상지) 終身無恥(종신무치)

만족할 줄 알아 늘 만족스러워하면 종신토록 욕되지 않고, 그만둘 줄을 알아 늘 그만두어야 할 때 그만두면 종신토록 부끄러움이 없을 것이다.

여기에서는 자신의 처지를 분명하게 알고 분수에 맞게 살아야 한다고 권고하고 있다. 자신의 삶에 만족하고 절제할 줄 아는 자세가 바로 삶의 지혜다.

7) 〈존심〉편 – 모든 것은 마음 먹기에 달려 있다

景行錄云(경행록운) 坐密室(좌밀실) 如通衢(여통구) 馭寸心(어촌심) 如六馬(여육마) 可免過(가면과)

《경행록》에서 말했다. "밀실에 앉아 있어도 마치 네거리에 앉아 있는 것처럼 여기고, 작은 마음을 제어하기를 마치 여섯 필의 말을 부리는 것처럼 하면 허물을 면할 수 있다."

施恩(시은) 勿求報(물구보) 與人(여인) 勿追悔(물추회)

은혜를 베풀었다면 보답을 바라지 말고, 남에게 주었거든 후회하지 말아야 한다.

맹자는 인간의 마음을 보존하여 본성을 기르는 것이 바로 하늘을 섬기는 것이라고 하면서 자신의 잃어버린 본마음을 되찾는 일이 학문이라고 강조했다. 따라서 우리는 평생토록 자신의 선한 마음을 잃지 않도록 신독(愼獨)해야 한다. 신독은 혼자 있을 때에도 삼가 조심하는 삶의 태도를 말한다.

8) 〈계성〉편 - 성공하려면 반드시 성품을 제어하라

景行錄云(경행록운) 人性如水(인성여수) 水一傾則不可復(수일경즉불가복) 性一縱則不可反(성일종즉불가반) 制水者必以堤防(제수자필이제방) 制性者必以禮法(제성자필이예법)

《경행록》에서 말했다. "사람의 성품은 물과 같아서 물이 한 번 엎질러지면 다시 주워 담을 수 없듯이 성품도 한 번 방종해지면 되돌릴 수 없다. 물을 제어하려는 사람은 반드시 제방으로 할 것이요, 성품을 제어하려는 사람은 반드시 예법으로 해야 할 것이다."

忍一時之忿(인일시지분) 免百日之憂(면백일지우)

한때의 분노를 참으면 백 날의 근심을 면할 수 있다.

하늘이 내린 인간의 선한 성품을 보존하기 위해서는 사욕을 경계해야 한다. 특히 '분노'라고 하는 감정의 속도는 몹시 빠르기 때문에 그 마음이 생기면 참고 경계해야 작은 일이 크게 되지 않는다. 오늘날 분노조절 장애로 인해 발생되는 사건과 사고들이 비일비재하다. 화를 조절해서 잘 표현할 줄 아는 것은 매우 중요한 공부이므로 이러한 분노조절 훈련은 반드시 어렸을 때부터 시작해야 한다.

9) 〈근학〉편 - 배우고 깨닫는 것은 삶의 궁극적인 목표다

朱子曰(주자왈) 勿謂今日不學而有來日(물위금일불학이유래일) 勿謂今年不學而有來年(물위금년불학이유래년) 日月逝矣(일월서의) 歲不

我延(세불아연) 嗚呼老矣(오호로의) 是誰之愆(시수지건)

주자께서 말씀하셨다. "오늘 배우지 않고 내일이 있다고 말하지 말며, 올해 배우지 않고 내년이 있다고 말하지 말라. 해와 달은 흘러가니 세월은 나를 기다려 주지 않는다. 아! 늙었구나. 이 누구의 허물인가?"

禮記曰(예기왈) 玉不琢(옥불탁) 不成器(불성기) 人不學(인불학) 不知道(부지도)

《예기》에서 말하였다. "옥은 다듬지 않으면 그릇이 되지 못하고, 사람은 배우지 않으면 도의(道義)를 알지 못한다."

가령 뛰어난 재능과 훌륭한 자질을 가지고 태어났지만 자신의 능력을 자만하고 배움을 게을리한다면 어떤 사람이 되겠는가? 옥돌을 다듬지 않으면 좋은 그릇이 되지 못하듯이 사람도 배우고 노력하지 않으면 인생의 올바른 길을 걸어갈 수 없다. 따라서 인간은 끊임없이 사람다운 사람이 되기 위해 배우고 익히고 또 닦아야 한다.

10) 〈훈자〉편 – 부모의 책임 중에 자식을 가르치는 일보다 중요한 것이 없다

莊子曰(장자왈) 事雖小(사수소) 不作(부작) 不成(불성) 子雖賢(자수현) 不敎(불교) 不明(불명)

장자께서 말씀하셨다. "일이 비록 작더라도 하지 않으면 이루지 못할 것이고, 자식이 비록 어질지라도 가르치지 않으면 현명하지 못할 것이다."

至樂(지락) 莫如讀書(막여독서) 至要(지요) 莫如敎子(막여교자)
지극한 즐거움은 독서만 한 것이 없고, 지극히 중요한 것은 자식 가르치는 것만 한 것이 없다.

우리 속담에 "굽은 나무는 곧게 펴지 못한다"는 말처럼 교육해야 할 시기를 놓치면 회복하기 힘들다. 사람을 교화할 수 있는 최고의 방법은 교육이다.《안씨가훈》을 보면 "어려서 배우는 것은 마치 해가 났을 때의 빛과 같다"라는 말이 있다. 이는 유아기 교육은 매우 중요하며 그 시기 교육을 담당하고 있는 부모의 책임이 막중하다는 의미다.

11~12) 〈성심〉편 – 항상 마음을 살피고 돌아보라

欲知未來(욕지미래) 先察已然(선찰이연)
미래를 알고자 한다면, 먼저 지나간 일을 살펴야 한다.

不經一事(불경일사) 不長一智(부장일지)
한 가지 일을 겪지 않으면, 한 가지 지혜가 자라지 않는다.

器滿則溢(기만즉일) 人滿則喪(인만즉상)
그릇은 차면 넘치고, 사람은 교만하면 잃는다.

수신이란 몸과 마음을 바르게 하는 것이다. 마음을 바르게 하기 위해서는 자신의 마음을 성실히 살펴야 한다. 자신의 마음에 성내거나 노여워하거나 두려워하거나 치우치거나 근심하고 걱정하는 것이 있으면 올바른 것을 얻지 못한다. 《대학》에 "마음이 있지 않으면 보아도 보이지 않고 들어도 들리지 않으며 먹어도 그 맛을 알지 못한다"라는 구절이 있다. 인간의 선한 본마음을 잃지 않아야 마음이 변질되지 않기 때문에 항상 성찰하고 돌아보는 자세를 지녀야 한다.

13) 〈입교〉편 - 가르침을 세우다

孔子三計圖云(공자삼계도운) 一生之計在於幼(일생지계재어유) 一年之計在於春(일년지계재어춘) 一日之計在於寅(일일지계재어인) 幼而不學(유이불학) 老無所知(노무소지) 春若不耕(춘약불경) 秋無所望(추무소망) 寅若不起(인약불기) 日無所辦(일무소판)

공자의 삼계도(세 가지의 계획)에 이렇게 말했다. "일생의 계획은 어릴 때 있고, 일 년의 계획은 봄에 있고, 하루의 계획은 새벽에 있다. 그러므로 어려서 배우지 않으면 늙어서 아는 바가 없고, 봄에 밭을 갈지 않으면 가을에 바랄 것이 없으며, 새벽에 일어나지 않으면 하루를 판단할 바가 없다."

우리의 삶은 하루하루 쌓은 결과물로 이루어진다. 훌륭한 시작은 훌륭한 결과로 이어진다. 그래서 어렸을 때부터 부지런히 배우고 노력해야 좋은 결과를 얻을 수 있다는 말이다.

14) 〈치정〉편 - 정치에 관하여

童蒙訓曰(동몽훈왈) 當官之法(당관지법) 唯有三事(유유삼사) 曰淸(왈청) 曰愼(왈신) 曰勤(왈근) 知此三者(지차삼자) 則知所以持身矣(즉지소이지신의)

《동몽훈》에서 말하였다. "관리로서 지켜야 할 법은 오직 세 가지가 있으니 '청렴', '신중', '근면'이다. 이 세 가지를 알면 몸가짐의 방법을 아는 것이다."

"윗물이 맑아야 아랫물이 맑다"는 속담처럼 항상 윗사람이 먼저 모범을 보여야 한다. 청렴과 신중, 근면은 관리의 기본자세로 윗사람은 항시 이 세 가지를 알고 실천해야 한다. 또한 관직을 맡은 사람은 자신의 감정을 공공연히 드러내는 것을 삼가고 일을 처리하는 데 신중하고 공정한 자세를 가져야 한다.

15) 〈치가〉편 - 집안의 화목을 위한 일

子孝雙親樂(자효쌍친락) 家和萬事成(가화만사성)

자식이 효도하면 어버이가 즐겁고, 집안이 화목하면 모든 일이 이루어진다.

時時防火發(시시방화발) 夜夜備賊來(야야비적래)

때때로 불이 나는 것을 방비하고, 밤마다 도둑이 드는 것을 예방해야 한다.

가족구성원 모두가 자신의 본분을 다하는 일이 곧 집안이 화목해질 수 있는 기본이다. 또한 나쁜 일은 갑작스럽게 발생하기 때문에 항상 대비해야 한다.

16) 〈안의〉편 – 의리를 지켜라

蘇東坡云(소동파운) 富不親兮貧不疎(부불친혜빈불소) 此是人間大丈夫(차시인간대장부) 富則進兮貧則退(부즉진혜빈즉퇴) 此是人間眞小輩(차시인간진소배)

소동파 선생께서 말씀하셨다. "부유하다고 가까이하지 않으며 가난하다고 멀리하지 않는 사람이 바로 인간 중에 대장부이고, 부유하면 가까이하고 가난하면 멀리하는 사람이 인간 중에 참으로 소인배다."

《맹자》〈등문공 하〉편에는 "천하의 넓은 곳에 거하며, 천하의 가장 바른 지위에 서며, 천하의 가장 큰 도를 행하고, 뜻을 이루면 백성과 더불어 그 뜻을 행하고, 뜻을 얻지 못하면 홀로 그 도를 행하여, 부귀해져도 음란하지 않고, 빈천해져도 지조를 잃지 않으며, 위엄과 힘을 가지고도 굽히게 할 수 없는, 그런 사람이야말로 대장부라 할 수 있다"라고 진정한 대장부의 자세를 설명하고 있다.

17) 〈존례〉편 – 예절은 인간관계의 기본이다

老少長幼(노소장유) 天分秩序(천분질서) 不可悖理而傷道也(불가패

리이상도야)

늙은이와 젊은이, 어른과 어린이는 하늘이 정한 질서이니 이치를 어기고 도를 상하게 해서는 안 된다.

若要人重我(약요인중아) 無過我重人(무과아중인)
만약 남이 나를 존중하기를 바란다면 내가 먼저 남을 존중하는 것보다 더한 것이 없다.

인간관계를 잘 유지하기 위한 방법은 바로 질서를 지키는 일이다. 오륜은 인간관계에서의 다섯 가지 질서를 말한다. 부모와 자식 간에는 친함을, 임금과 신하 간에는 의리를, 남편과 아내 사이에는 다름을, 어른과 어린이 사이에는 순서를, 친구 사이에서는 신뢰를 잘 지켜야 그 관계가 원활하게 소통될 수 있다. 이러한 인간관계에서의 기본 자세는 내가 먼저 타인을 존중하는 마음을 갖는 것이다. 이렇게 자신과 타인의 조화를 기본으로 하여 전체적으로 조화로운 삶을 영위하기 위해 반드시 필요한 요소가 예절이다. 예절은 곧 배려하는 마음이다. 요즘 아이들에게 특히 필요한 마음가짐은 바로 남을 배려하는 마음이다.

18) 〈언어〉편 – 말을 조심하라

口是傷人斧(구시상인부) 言是割舌刀(언시할설도) 閉口深藏舌(폐구심장설) 安身處處牢(안신처처뢰)
입은 사람을 상하게 하는 도끼이고, 말은 혀를 베는 칼이니 입을 닫고 혀를 깊이 감추면 몸이 어느 곳에 있어도 편안할 것이다.

말의 힘은 실로 엄청나다. 인간관계에서 타인과 관계를 맺고 소통할
수 있는 구체적인 매개체가 바로 언어다. 그러나 한편으로 인간관계를
망치는 가장 큰 요소 중의 하나가 바로 말이다. 그래서 말은 조심하고
또 조심해서 해야 한다.

19) 〈교우〉편 – 좋은 사람을 친구로 두어라

家語云(가어운) 與好人同行(여호인동행) 如霧露中行(여무로중행) 雖
不濕衣(수불습의) 時時有潤(시시유윤) 與無識人同行(여무식인동행)
如廁中坐(여측중좌) 雖不汚衣(수불오의) 時時聞臭(시시문취)

《가어》에서 말하였다. "좋은 사람과 동행하면 마치 안개 속을 다니
는 것과 같아서 비록 옷이 축축해지지 않더라도 점점 젖어들고, 무
식한 사람과 동행하면 마치 뒷간에 앉아 있는 것과 같아서 비록 옷
은 더럽히지 않더라도 점점 그 냄새를 맡게 된다."

"친구 따라 강남 간다"는 속담이 있듯이 좋은 향기를 품은, 즉 좋은
친구를 가까이해야 한다. 그러기 위해서는 먼저 자신이 좋은 사람이
되어야 한다.

2

중국의 어린이
예절 교과서
《소학》

1. 사람다운 삶을 조목별로 가르쳤던 《소학》

소학(小學)이란 '어린이 학문'이라는 뜻이다. 《소학》은 원래 소자(小子)
의 학문, 즉 '소인지학(小人之學)'이라는 뜻으로 '대인지학(大人之學)'을 의
미하는 《대학》과 대칭하여 쓴 것으로 어린이 수신서다. 이 책은 어린
이들에게 기본적인 생활예절과 인간의 도리를 교육했던 중국의 기초
교재였다. 1187년 중국 송나라 주자학의 집성자인 주희(朱熹)가 그의
제자 유청지와 함께 《예기》, 《논어》, 《맹자》, 《효경》 등에서 발췌하여
편찬한 것이다.

　《소학》이 우리나라에 전래된 연대는 정확히 알 수 없지만 고려 말엽
으로 추정된다. 이후 유교를 국가 이념으로 한 조선의 건국과 함께 당

대의 유교 기본 교양서로 채택되어 유교적 인간상을 실현하는 수신서로 권장되었다.

《예기》〈왕제〉편에는 중국 고대에 초등교육기관인 소학교가 개설되어 아이가 8세가 되면 누구나 학교에 들어가 쇄소응대진퇴(灑掃應對進退)의 기본 생활예절과 애친경장융사친우(愛親敬長隆師親友)의 인간의 도리를 의무적으로 교육받은 것으로 기록되어 있다.

'쇄소·응대·진퇴'를 현대적으로 풀어보면 청소하기, 인사하기, 인간관계형성 등의 기본 생활예절을 뜻하며, '애친·경장·융사·친우'는 부모 사랑, 어른 공경, 스승 존경, 벗과 친하게 지내는 방법 등의 인간의 도리를 뜻한다. 따라서 《소학》에서는 기초예절과 인간 도리의 습관화를 권장하며 실천을 강조했다.

소학의 뜻은 첫째 '소인지학', 즉 아이들을 위한 학문이라는 의미와 둘째 주나라 귀족들이 8세가 되었을 때 입학하는 교육기관으로서의 의미, 셋째 문자 학습서인 훈고학, 음운학이라는 의미가 있었고, 넷째 '유학의 입문서'로서 주희의 조언을 받아 유청지가 어린이들의 '윤리학습서'로 지은 책을 의미한다.

《소학》은 크게 내편과 외편으로 구분되고 서론 부분이라 할 수 있는 〈소학서제〉, 〈소학제사〉, 〈소학집주총론〉과 내편인 〈입교〉, 〈명륜〉, 〈경신〉, 〈계고〉와 외편인 〈가언〉, 〈선행〉의 총 6권으로 구성되어 있다. 내편에서는 한나라 이전의 문헌을 통해 사람이 마땅히 행해야 할 도리를 〈입교〉·〈명륜〉·〈경신〉편에 서술하였고, 〈계고〉편에서는 성현의 언행을 실례로 들어 직접 실행될 수 있음을 설명하고 있다. 또한 가언과 선행으로 이루어진 외편에는 주로 송나라 사대부들의 말과 행실을 통해 〈입교〉·〈명륜〉·〈경신〉편의 내용을 입증하고 있다.

제1권의 〈입교〉편은 '사람을 가르치는 법도를 세운다'는 뜻이다. 여기에서는 교육의 내용과 방법을 제시하고 있는데 태교에서부터 시작하여 아이를 양육하고 훈육하는 법, 교육하는 법도, 스승과 제자 간의 본분 등의 내용을 담았다. 실생활 규범교육이 어른과 아이, 남자와 여자의 차이에 따라 각각 다르게 행해져야 한다는 설명도 담고 있다. 특히 '사람다운 사람'을 만들기 위한 교육 내용으로 여섯 가지 덕, 여섯 가지 행실, 여섯 가지 과목을 제시하고 있다.

제2권의 〈명륜〉편은 '인륜을 밝힌다'는 뜻으로 오륜을 중심으로 교육의 목적과 기본 방향을 설명하고 있으며《소학》에서 가장 많은 비중을 차지하고 있다. 주요 내용으로는 부모와 자식, 임금과 신하, 남편과 아내, 어른과 어린이, 친구 사이에 지켜야 할 도리를 서술하고 있다.

제3권 '몸가짐을 공경히 한다'는 뜻의 〈경신〉편은 몸과 마음을 가다듬는 요체와 절차를 밝히고 있다. 주요 내용은 '마음가짐의 요점', '몸가짐의 법칙', '의복의 제도', '음식의 절도' 등이다. 여기에서는 개인의 일상적 삶을 구성하는 내적·외적 생활 영역에서 갖추어야 할 윤리를 서술하고 있다. 특히 유학의 핵심이 '수기치인'이라 할 수 있는데 〈경신〉편은 수기와 치인을 어떻게 실현하느냐에 대한 구체적인 설명을 담고 있다.

제4권의 〈계고〉편은 '옛일을 상고한다'는 뜻으로 하(夏), 은(殷), 주(周) 3대 선현들의 행적을 구체적으로 예시하며 〈입교〉, 〈명륜〉, 〈경신〉

편의 내용을 증명하고 있다.

제5권 〈가언〉편은 제목 그대로 '아름다운 말'을 91장에 걸쳐 제시하고 있다.

제6권 〈선행〉편은 '착한 행실'에 관하여 선현들의 사례를 들어 교훈으로 삼게 했다. 또한 한나라 이후 선현들의 언행을 모아서 〈입교〉, 〈명륜〉, 〈경신〉편의 가르침을 확장하고 있다.

이처럼 《소학》은 사람다운 삶을 위한 '생활지침서'라 할 수 있다.

2. 유아기에는 지식의 선행학습보다 실천교육이 필요하다

《소학》은 '실천'을 교육의 근본 목표로 하고 있다. 지식의 습득보다 학문의 실천에 중점을 두고 쓴 책이다. 따라서 아이들에게 인간관계의 질서도, 인의(仁義)의 내용도 실천하도록 교육해야 한다고 강조한다. 이러한 내용은 〈소학제사〉편 및 〈입교〉편, 〈가언〉편에서 구체적으로 제시하였다.

> 小學之方(소학지방) 灑掃應對(쇄소응대) 入孝出恭(입효출공) 動罔或
> 悖(동망혹패) 行有餘力(행유여력) 誦詩讀書(송시독서) 詠歌舞蹈(영가
> 무도) 思罔或逾(사망혹유)
> 소학의 교육방법은 물 뿌리고 쓸고 응하고 대답하며 들어와서는 효
> 도하고 나가서는 공손하여 행실이 조금도 어그러짐이 없도록 하는

데 있다. 이러한 일들을 실천하고 남은 힘이 있으면 《시경》을 외우고 《서경》을 읽으며 읊고 노래하고 춤추며 생각이 혹시라도 (바른 도리에) 넘지 않도록 해야 한다.

今日行一難事(금일행일난사) 明日行一難事(명일행일난사) 久則自然堅固(구즉자연견고)
오늘 한 가지 어려운 일을 실천하고 내일 한 가지 어려운 일을 실천하여 오래되면 자연스럽게 견고해진다.

아이들에게 주변 정리정돈, 효도, 공경, 인사 등과 같은 일상생활에서의 기본 도리를 오랫동안 지속적으로 실천하도록 하면 이것이 익숙해져서 자연스럽게 행동으로 드러날 수 있다는 말이다. 또한 인간으로서 갖추어야 할 기본 소양인 인성이 기본이 되면 그때부터 지식을 가르쳐도 늦지 않다는 가르침을 주고 있다.

오늘날의 교육은 지식과 행동의 조화를 강조하기는 하지만 현실적으로 행(行)보다는 지(知)교육에 훨씬 초점을 맞추고 있다. 물론 이성적 능력을 길러주는 지식교육이 중요하지만, 정서를 발달시킬 수 있는 인성교육이 이루어지고 그것을 바탕으로 지식을 쌓으면 그 아이의 삶은 더 풍요로워질 수 있다.

《소학》에서는 일상생활 속에서 실천할 수 있는 내용을 〈경신〉편에서 구체적으로 다루고 있다. 첫째 마음가짐의 자세, 둘째 몸가짐의 자세, 셋째 옷 입는 예절, 넷째 식사하는 예절을 제시한다. 이는 아이가 일상생활에서 기본적으로 반드시 갖추어야 할 모든 것이다. 또한 인격의 완성을 위해 선현들의 경(敬) 덕목에 대한 올바른 자세와 태도를 제시하고 있다.

3. 어릴 때부터 신중하고 삼가는 마음가짐을 가져야 한다

〈경신〉편에서는 수양하는 방법을 마음가짐, 몸가짐, 옷차림, 음식 등으로 나누어 자세히 설명하고 있다.

'마음가짐의 자세'에서는 일상생활의 올바른 마음가짐으로 공경하는 마음을 근본으로 삼아야 함을 강조하고 있으며, 물욕에 가려진 사욕을 제거하고 바르고 진실된 마음을 갖게 하는 내용인 '대인지심술(對人之心術)', '사물(四勿)', '구사(九思)' 등을 주로 다루고 있다.

> 丹書曰(단서왈) 敬勝怠者(경승태자) 吉(길) 怠勝敬者(태승경자) 滅(멸) 義勝欲者(의승욕자) 從(종) 欲勝義者(욕승의자) 凶(흉)
>
> 단서에서 말하기를 "공경하는 마음이 태만한 마음을 이기는 자는 좋은 일이 생기고, 태만한 마음이 공경하는 마음을 이기는 자는 망할 것이다. 의로운 마음이 욕심을 이기는 자는 순조롭고, 욕심이 의로운 마음을 이기는 자는 재앙을 당하게 될 것이다"라고 했다.

여기에서 단서(丹書)란 주나라 무왕이 즉위할 때 강태공이 올린 경계의 말씀이다.

曲禮曰(곡례왈) 毋不敬(무불경) 儼若思(엄약사) 安定辭(안정사) 安民
哉(안민재) 敖不可長(오불가장) 欲不可從(욕불가종) 志不可滿(지불가
만) 樂不可極(락불가극) 賢者(현자) 狎而敬之(압이경지) 畏而愛之(외
이애지) 愛而知其惡(애이지기악) 憎而知其善(증이지기선) 積而能散
(적이능산) 安安而能遷(안안이능천) 臨財毋苟得(임재무구득) 臨難毋
苟免(임난무구면) 狠毋求勝(한무구승) 分毋求多(분무구다) 疑事毋質
(의사무질) 直而勿有(직이물유)

〈곡례〉편에서 이렇게 이르렀다. 공경하지 않음이 없고, 엄숙하게
생각하는 듯이 하며, 말을 안정되게 하면 백성을 편안하게 할 것이
다. 오만한 마음을 키워서는 안 되며, 욕심대로 행동해서는 안 되
며, 뜻을 자만해서는 안 되고, 즐거움을 극도로 누려서는 안 된다.
현명한 사람은 친하면서도 공경하고, 두려워하면서도 사랑하며, 사
랑하면서도 그의 악한 면을 알고, 미워하면서도 그의 선한 면을 안
다. 또한 재물을 쌓되 베풀 줄 알며, 편안함을 편안히 여기되 의로
움에 옮긴다. 재물에 대해서는 구차히 얻으려 하지 말며, 고난에 임
하여 구차히 면하려 하지 말며, 다툼에 이김을 구하지 말며, 나눔에
많이 얻으려 하지 말라. 의심스런 일을 자신이 바로잡아 결정하지
말고 곧게 의견을 개진하고 고집해서는 안 된다.

즉, 공경하는 마음은 사사로운 욕심을 없애고 이치에 맞게 행동하며

도덕적인 마음에 따라 바른 행동을 하는 것이다. 또한 용모를 단정히 하며 마음을 정돈하고 심신을 올바르게 하는 것이다

出門如見大賓(출문여견대빈) 使民如承大祭(사민여승대제) 己所不欲 (기소불욕) 勿施於人(물시어인)

문밖을 나가서는 큰 손님을 뵙듯이 하고, 백성을 부릴 때는 큰 제사를 받들 듯이 하며, 자기가 하고 싶지 않은 것을 남에게 시켜서는 안 된다.

여기에서는 '대인지심술(對人之心術)'인 타인을 대하는 마음가짐에 대해 서술하였다. 타인을 대할 때는 항상 공손한 태도를 가져야 하고 성실하게 대해야 한다고 서술하고 있다.

또한 생각하는 방법으로 앞에서도 설명했던 구사(九思)를 언급했다. "볼 때는 분명하게 볼 것을 생각하고 들을 때는 밝게 들을 것을 생각하며 얼굴빛은 부드럽게 할 것을 생각하고 용모는 공손하게 할 것을 생각하며 말은 진실되게 할 것을 생각하고 일은 공경하게 할 것을 생각하며 의문이 생기면 질문할 것을 생각하고 화가 날 때는 뒤에 어려워질 것을 생각하며 이득을 얻을 때는 의로운 것인지를 생각해야 한다."

이는 학문은 바르게 생각하기 위한 수단임에도 구사를 잊고 살아가는 사람들을 위해 자신의 마음을 잘 다스려 모든 일에 신중한 마음가짐을 가지도록 깨우치기 위한 내용이다.

4. 몸을 바르게 하는 것도 인격을 닦는 한 방법이다

〈경신〉편의 몸가짐의 자세에서는 바르지 않은 행동을 예절에 맞게 해야 한다고 서술하고 있다. 몸가짐과 행동을 바르게 행하기 위한 내용으로 예의(禮儀), 위의(威儀), 구용(九容) 등을 제시하고 있다.

冠義曰(관의왈) 凡人之所以爲人者(범인지소이위인자) 禮義也(예의야) 禮義之始(예의지시) 在於正容體(재어정용체) 齊顏色(제안색) 順辭令(순사령) 容體正(용체정) 顏色齊(안색제) 辭令順而後(사령순이후) 禮義備(예의비) 以正君臣(이정군신) 親父子(친부자) 和長幼(화장유) 君臣正(군신정) 父子親(부자친) 長幼和而後(장유화이후) 禮義立(예의립)

《예기》〈관의〉편에서 말하였다. 무릇 사람이 사람다운 까닭은 예의가 있기 때문이다. 예의의 시작은 얼굴과 몸가짐을 바르게 하고, 얼굴빛을 온화하게 하며, 말씨를 유순하게 하는 데 있다. 얼굴과 몸가짐이 바르고, 얼굴빛이 온화하며, 말씨가 유순해진 뒤에야 예의가 갖추어진다.

예의를 갖춤으로써 임금과 신하의 관계를 바르게 할 수 있고, 부모와 자식이 친애하게 되며, 어른과 어린아이의 관계를 화순하게 할 수 있다. 임금과 신하 사이의 도리가 바르게 되고, 부모와 자식이 친해지며, 어른과 어린아이의 관계가 화순해진 뒤에야 예의가 확립될 수 있다.

사람과 사람 사이는 예가 갖추어져야 인간관계가 제대로 성립할 수 있다. 그래서 예의 바른 면모를 갖추기 위해서 삼가야 할 12가지 행동거지는 다음과 같다.

曲禮曰(곡례왈) 毋側聽(무측청) 毋噭應(무교응) 毋淫視(무음시) 毋怠荒(무태황) 遊毋倨(유무거) 立毋跛(입무파) 坐毋箕(좌무기) 寢毋伏(침무복) 斂髮毋髢(염발무체) 冠毋免(관무면) 勞毋袒(노무단) 暑毋褰裳(서무건상)

〈곡례〉편에서 다음과 같이 이르렀다. 귀를 기울여 엿듣지 말고, 고함쳐서 대답하지 말며, 곁눈질하여 흘겨보지 말며, 게으르고 방종하지 말며, 걸어 다닐 때 거만한 자세를 하지 말며, 서 있을 때 한쪽 발에 의지하지 말며, 앉을 때 두 다리를 쭉 뻗지 말며, 잠잘 때 엎드려 자지 말며, 머리털을 싸맬 때 늘어뜨리지 말며, 관을 벗지 말며, 일할 때도 웃통을 벗지 말며, 더워도 아랫도리를 걷지 말아야 한다.

禮記曰(예기왈) 君子之容(군자지용) 舒遲(서지) 見所尊者(견소존자) 齊遬(제칙) 足容重(족용중) 手容恭(수용공) 目容端(목용단) 口容止(구용지) 聲容靜(성용정) 頭容直(두용직) 氣容肅(기용숙) 立容德(입용덕) 色容莊(색용장)

《예기》에서 다음과 같이 말하였다. 군자의 얼굴은 여유롭고 침착해야 하지만 존경할 만한 사람을 보면 더욱 공경하고 삼가야 한다. 발의 모습은 신중하게 하고, 손의 모습은 공손하게 하며, 눈의 모습은 단정하게 하고, 입의 모습은 지긋이 다물고 있으며, 목소리는 고요하게 하고, 머리 모습은 반듯하게 세우며, 숨 쉬는 모습은 엄숙하게 하고, 서 있을 때의 모습은 덕 있는 것처럼 하며, 얼굴빛은 씩씩하게 해야 한다.

이처럼 평소에 소홀히 하기 쉬운 행동예절을 언급하고 있으며 이를 직접 실천함으로써 몸가짐을 바르게 하여 인격함양의 기준으로 삼도록 권하고 있다.

5. 옷차림을 통해 외양보다 내적인 면을 중시하는 태도를 배우다

〈경신〉편에서 말하는 옷 입는 예절이란 상황과 장소에 따라 의복을 달리하는 것이다. 이것이 바로 예의를 나타내는 방법이다. 우리가 일상적으로 사용하고 있는 용어 중 '의식주(衣食住) 생활'을 생각해보면 의생활을 가장 앞에 놓아 '의복'을 가장 중시하는 것을 알 수 있다. 〈경신〉편의 어린이의 옷 입는 예절을 간단히 살펴보면 다음과 같다.

禮記曰(예기왈) 童子不裘不帛(동자불구불백) 不屨絢(불구구)
《예기》에서 말하였다. 어린이는 갖옷을 입지 않고, 비단옷을 입지 않으며, 신코에 끈을 매지 않는다.

여기에서 말하는 갖옷과 비단옷은 따뜻하기 때문에 공부에 방해가
될 뿐만 아니라 사치하는 마음을 조장하게 한다는 의미다. 또한 신코
에 끈을 사용하면 다닐 때 조심해야 한다. 따라서 신코에 끈을 매지 않
는 것은 아이들은 다닐 때 조심하는 것에 익숙지 않기 때문이다.

여기에서는 의복을 갖추는 것을 통해 외적인 면보다 내적인 면을
단련시켜 보다 성실하고 근검절약할 수 있는 자세를 갖도록 일깨우고
있다.

6. 밥 먹는 예절은 교양의 척도가 된다

〈경신〉편의 식사하는 예절 내용에는 '공음식(共飮食)', '시음군자지예(侍
飮君子之禮)', '주지예(酒之禮)' 등이 있다. 이중에서 '공음식', '시음군자지
예' 두 가지 내용에 관해 살펴보도록 하자. 먼저 '공음식'은 다른 사람
과 함께 식사할 때 지켜야 할 예절을 뜻하며 그 내용은 다음과 같다.

> 曲禮曰(곡례왈) 共食不飽(공식불포) 共飯不澤手(공반불택수) 毋摶飯
> (무단반) 毋放飯(무방반) 毋流歠(무유철) 毋咤食(무타식) 毋齧骨(무설
> 골) 毋反魚肉(무반어육) 毋投與狗骨(무투여구골) 毋固獲(무고획) 毋
> 揚飯(무양반) 飯黍毋以箸(반서무이저) 毋嚃羹(무탑갱) 毋絮羹(무서
> 갱) 毋刺齒(무자치) 毋歠醢(무철해) 客絮羹(객서갱) 主人辭不能亨(주
> 인사불능형) 客歠醢(객철해) 主人辭以窶(주인사이구) 濡肉齒決(유육치

결) 乾肉不齒決(건육불치결) 毋嘬炙(무최자)

〈곡례〉편에서 다음과 같이 이르렀다. 함께 음식을 먹을 때는 배부르게 먹지 말며, 함께 밥을 먹을 때는 손때가 묻지 않게 한다. 밥을 뭉치지 말며, 밥숟가락을 크게 뜨지 말며, 길게 들이 마시지 말라. 음식을 먹으면서 내뱉지 말며, 뼈를 깨물지 말며, 먹다 남은 생선이나 고기를 그릇에 되돌려 놓지 말며, 개에게 뼈를 던져주지 말며, 먹고 싶은 것을 굳이 얻으려 하지 말라. 밥을 헤젓지 말며, 기장밥을 먹을 때는 젓가락을 사용하지 말라. 국을 들고 마시지 말며, 국에 따로 간을 맞추지 말며, 이를 쑤시지 말며, 젓국을 마시지 말라. 손님이 국에 따로 간을 하면 주인이 잘 요리하지 못했음을 사과하고, 손님이 젓국을 마시면 주인이 가난해 잘 차리지 못했다고 사과한다. 젖은 고기는 이로 끊으며, 마른 고기는 이로 끊지 않으며, 구운 고기를 한입에 넣지 말아야 한다.

이는 교육기관에서 식사 혹은 간식 시간에 갖추어야 할 예의범절 중 매우 중요한 내용이다. 아이들은 식사예절을 일상생활에서 익혀 이를 실천하여 몸으로 자연스럽게 습관화되도록 할 필요가 있다.

한편, '시음군자지예'는 연장자를 모시고 식사하는 예절을 뜻하며 해당되는 내용은 다음과 같다.

少儀日(소의왈) 侍食於君子(시식어군자) 則先飯而後已(즉선반이후이) 毋放飯(무방반) 毋流歠(무유철) 小飯而亟之(소반이극지) 數噍(수

초) 毋爲口容(무위구용)

〈소의〉편에서 다음과 같이 이르렀다. 군자를 모시고 먹을 때는 먼저 밥을 먹고 나중에 끝낸다. 밥을 크게 뜨지 말며, 길게 들이마시지 말며, 조금씩 떠서 빨리 먹으며, 여러 번 씹지만 입 놀리는 모양을 내지 말아야 한다.

이를 구체적으로 살펴보면, 먼저 밥을 먹는 것은 시험 삼아 그 음식이 맛이 있는지 혹은 잘못된 것이 있는지 여부를 확인하기기 위함이고, 뒤에 끝내는 것은 연장자가 많이 드시기를 권하기 위한 것이다.

이처럼 전통사회에서는 식사할 때 남을 배려하고 삼가는 예절을 자세하게 배웠다.

3

중국의 어린이
기본 동몽서
《삼자경》

1. 유네스코 아동 도덕 총서 《삼자경》

《삼자경(三字經)》은 '세 글자로 된 글'이라는 뜻의 책으로, 중국의 전통
적인 계몽서다. 이 책은 일반적으로 세 글자가 하나의 구(3자1구)를 이
루고 총 356구의 간결한 형식으로 구성되어 있으며, 경전(經傳)에 근거
해 내용을 서술하고 있기에 '삼자경'이라는 이름이 붙었다. 《삼자경》은
1990년 유네스코 아동 도덕 총서로 선정되었다. 중국에서는 《백가성
(百家姓)》, 《천자문》과 함께 '삼백천(三百千)'으로 불렸다. 오랫동안 한자
학습 교재로서 최고의 위상을 유지해왔다.

이 책은 저자가 명확히 밝혀지지 않은 채 남송대의 학자 왕응린(王應
麟)이 최초의 저자로 전해지고 있지만, 송말의 구적자(區適子)가 편찬했

다는 설과 원말명초의 여정(黎貞)이 편찬했다는 설도 있다. 아마도 오랜 시간 동안 여러 사람들에 의해 완성된 형태를 갖추면서 동몽서로 널리 보급된 것으로 보인다.

《삼자경》은 사람으로서 알아야 할 윤리와 도덕, 경전, 역사, 학문 등의 내용이 담겨 있다. 크게 인성이야기, 사물이야기, 경전이야기, 역사이야기, 교훈이야기 등으로 구분해 그 내용을 살펴보면 다음과 같다.

2. 세 글자를 통해 세상의 이치와 진리를 배우다

1) 인성이야기 – 사람은 배워야 선함을 회복할 수 있다

人之初(인지초) 性本善(성본선) 性相近(성상근) 習相遠(습상원)

사람은 처음에는 본성이 원래 착했다. (모든 사람의 본성은) 서로 비슷하지만 습관이 서로를 멀어지게 한다.

앞에서도 다루었지만 유학의 성현 공자와 맹자는 인간은 선한 존재라고 주장했다. 여기에서 '성(性)'이 의미하는 것을 무엇일까? 사람은 세상에 태어날 때는 원래 착한 본성을 지닌 존재였으나 성장하면서 습관이나 여러 가지 환경의 영향, 배움의 정도에 따라 몸가짐과 마음가짐이 조금씩 달라진다. 사람에게 교육이 필요한 이유는 바로 이 때문이다.

이렇듯 우리 모두는 각자 착한 사람으로 세상에 태어난 귀중한 존재다. '나'라는 사람은 세상에서 오직 하나뿐인 참으로 귀한 존재다. 내가 이 세상에 존재하고 있기 때문에 내 가정, 내 이웃, 내 나라, 더 나아가 서는 우리가 사는 세상이 만들어질 수 있는 것이다.

爲人子(위인자) 方少時(방소시) 親師友(친사우) 習禮儀(습례의)
사람의 자식이 되어 바야흐로 어릴 때에는 좋은 스승과 친구를 가까이해야 하고, 예의를 익혀야 한다.

한 장의 종이에는 꽃을 싸고 또 다른 종이에는 생선을 쌌을 때, 꽃을 싼 종이에는 꽃향기가, 생선을 싼 종이에는 비린내가 날 것이다. 인간 관계도 마찬가지다. 착한 사람이 나쁜 향기가 나는 사람과 가까이 지내면 나쁜 향기로 물들 것이고, 좋은 향기가 나는 사람과 가까이 지내면 좋은 향기로 물들 것이다. 특히 어린 시절에는 그 영향력이 더욱 강력해진다. 아동기는 또래 친구들의 영향을 가장 많이 받는 시기이지만 부모, 선생님의 영향도 상당 부분 받는 시기다. 따라서 부모는 사랑의 향기를 물씬 내어 아이가 사랑 가득한 사람으로 성장하도록 노력해야 할 것이다.

2) 사물이야기 – 세상을 구성하는 요소들

一而十(일이십) 十而百(십이백) 百而千(백이천) 千而萬(천이만)
일이 모여 십이 되고, 십이 모여 백이 되고, 백이 모여 천이 되고, 천이 모여 만이 된다.

전통사회에서는 아이가 6세가 되면 수의 개념과 방향의 이름을 가르쳤다. 수의 개념은 무엇부터 가르쳤을까?《계몽편》〈수〉편을 보면 "일, 이, 삼, 사, 오, 육, 칠, 팔, 구, 십, 백, 천, 만, 억으로써 물건의 수(數)를 다한다"라는 문구가 있다. 일(一)은 수의 처음 시작이 된다. 일이 열 번 더해지면 십이 되고, 십이 열 번 더해지면 백이 되는 것이다. 백이 열 번 더해지면 천이 되고, 천이 열 번 더해지면 만이 된다. 이러한 수의 기본 개념을 알아야 그 다음 단계의 수를 공부할 수 있다.

약 2000년 전 중국 주나라의 주공(周公)에 이르러 지금의 구구단으로 불리는 계산법이 만들어졌다고 한다. 그때는 지금과 달리 거꾸로 구구 팔십일, 구팔 칠십이……로 9단에서부터 외워나갔기 때문에 이름에 구구(九九)를 붙여 불렀다.

이렇게 '셈' 학문은 우리가 생각하는 것보다 훨씬 이전부터 시작되어 발달해왔다. 그리고《주례(周禮)》에도 선비라면 반드시 배워야 할 것으로 '육예(六藝)'를 설명하고 있다. 육예란 예(禮, 예절), 악(樂, 음악), 사(射, 말타기), 어(御, 활쏘기), 서(書, 글쓰기), 수(數, 셈하기)를 말한다. '셈하기'는 현대에도 여전히 중요한 학문이며 더욱 발전하고 있다.

셈하기의 기본인 더하기·빼기를 제대로 알지 못하면 곱하기·나누기를 알 수 없듯이, 배움에는 기초가 중요하다. 그 기초가 바탕이 되어야 다양한 지식을 채워나갈 수 있다.

曰喜怒(왈희노) 曰哀懼(왈애구) 愛惡欲(애오욕) 七情具(칠정구)
　기쁨, 성냄, 슬픔, 두려움, 사랑, 미움, 욕심 일곱 가지 감정을 갖추었다.

《예기》〈예운〉편을 보면 "무엇을 사람의 정이라 하는가? 기뻐하고, 노여워하고, 슬퍼하고, 두려워하고, 사랑하고, 미워하고, 하고자 하는 것을 말한다. 이 일곱 가지는 사람이 배우지 않아도 할 수 있다"라고 하였다.

누구나 태어나면서부터 알려주지 않아도 웃을 수 있고 울 수 있다. 웃는 것은 기쁜 감정이 있기 때문이며, 우는 것은 화가 나거나 슬프거나 두렵기 때문이다. 갓난아기일 때는 느끼는 대로 자신의 감정을 밖으로 표현한다. 말을 하지 못하기 때문에 자신의 상태를 그렇게 알릴 수밖에 없는 것이다. 그러나 자라면서 말하는 법, 옳고 그름, 감정을 표현하는 법, 감정을 적절하게 조절하는 법을 배우게 된다. 화가 난다고 소리부터 지르거나 욕심이 난다고 무조건 자신의 것으로 만들 수 없다는 것을 알아가게 된다.

마음속 변화에 따른 자신의 감정을 제대로 조절하지 못하면 두고두고 후회할 큰 실수를 저지를 수도 있다. 그러나 어른이 되어서도 이러한 조절 능력을 갖추지 못한 사람이 점점 늘어나고 있다. 이를 제대로 교육받고 훈련받지 못한 탓이다. 아무리 능력이 출중해도 인성을 갖추지 못하면 한순간에 나락으로 떨어지는 경우를 흔히 보게 된다. 따라서 어려서부터 감정을 조절하고 욕심을 절제하는 교육이 반드시 이루어져야 한다.

3) 경전이야기 – 성인이 지은 글

爲學者(위학자) 必有初(필유초) 小學終(소학종) 至四書(지사서)
학문을 하는 사람은 반드시 기초가 있어야 한다. 《소학》을 마쳤으
면 사서에 이르러야 한다.

아이들이 읽어야 할 책들을 '동몽교재'라고 불렀다. 그중 처음 글을
배우기 시작하는 아이들이 읽어야 할 책은 바로 《천자문》이었다. 그
다음으로는 《사자소학》→《추구》→《계몽편》→《동몽선습》→《격
몽요결》→《소학》을 모두 배워 기초를 세우게 하고, 그 다음으로 사서
(四書), 즉 대학·논어·맹자·중용을 읽게 했다. 배우는 사람은 반드시
책의 난이도에 따라 쉬운 것에서부터 어려운 내용으로 그 단계를 차츰
차츰 밟아나가도록 했다. 이것은 율곡 선생께서 《격몽요결》〈독서〉장
에서 말씀하신 내용이다.

論語者(논어자) 二十篇(이십편) 群弟子(군제자) 記善言(기선언)
《논어》는 총 20편으로, 여러 제자들이 공자의 좋은 말씀을 기록한
것이다.

《논어》는 공자의 강의를 들은 문하생들이 수업 중 서로 질문하고 또
대답한 내용들을 모아서 만든 책이다. 총 20편으로 구성되었고 첫 번
째 편이 〈학이〉편, 마지막이 〈요왈〉편이다. 우리나라에서는 중국에서
유학이 들어오면서부터 《논어》를 공부하는 사람이 많아졌다. 신라시

대에는 독서삼품과로 관리를 선발할 때《논어》를 필수로 공부해야 했고, 조선시대에는 사서를 중요하게 생각해서 학동(學童)들도《논어》를 배웠다. 다산 정약용 선생은《논어》를 700번 읽었고, 실학자 이덕무 선생은 2천 번 읽었다고 하니 실로 대단한 위력을 가진 책이다.

4) 역사이야기 - 과거의 발자취

自羲農(자희농) 至黃帝(지황제) 號三皇(호삼황) 居上世(거상세)
복희, 신농으로부터 황제에 이르기까지를 삼황이라고 부르는데 상고시대에 살았다.

복희는 팔괘(八卦)를 만들었고 음식을 익혀 먹는 법, 그물로 낚시하는 법 등을 가르쳤다. 머리는 사람, 몸은 뱀의 모습을 하고 있다. 신농은 염제라고 불리며 농경사회를 만들었고 365종의 약초 약을 만들었으며, 한의학의 창시자로 불린다. 황제는 육십갑자를 만들었고 배와 수레, 집 짓는 법, 옷 짜는 법 등을 발명하였다. 복희, 신농, 황제는 중국의 전설상의 제왕들이다.

夏有禹(하유우) 商有湯(상유탕) 周文武(주문무) 稱三王(칭삼왕)
하에는 우왕이 있고, 상에는 탕왕이 있고, 주에는 문무왕이 있었는데 이를 삼왕이라고 칭한다.

하나라는 중국 최초의 왕조다. 하우(夏禹), 상탕(商湯), 주문왕(周文王),

주무왕(周武王)은 덕을 갖춘 삼왕이라고 일컫는다.

하나라 우왕은 아들에게 왕위를 물려주어 천하를 한집안으로 하여 400년 동안 계속되다가 그 사직이 상나라로 옮겨갔다. 탕왕이 하나라의 걸왕을 치고 국호를 상(은)이라 칭하고, 600년 동안 계속되다가 주왕에 이르러 멸망하였다. 주나라 무왕이 비로소 은나라의 주왕을 죽이고 주나라는 800년 동안 이어졌는데 하은주 삼대 중에서 가장 오래 존속한 왕조다.

5) 교훈이야기 - 가르치고 깨우치는 말씀

香九齡(향구령) 能溫席(능온석) 孝於親(효어친) 所當執(소당집)

황향은 아홉 살의 나이에 부모님의 자리를 따뜻하게 하였다. 부모님께 효도하는 것은 마땅히 지켜야 할 일이다.

옛날 동몽교재에는 덕성과 인품을 강조하는 내용이 많다. 특히 부모님에 대한 효도와 어른에 대한 공경 이야기가 매우 많은 부분을 차지하고 있다. 우리 선조들이 어린이들을 교육할 때 가장 강조했던 것이 바로 '효도'와 '공경'이다. 이를 '효제(孝悌)'라고 한다. 선조들은 어렸을 때부터 부모님께 효도하고 어른을 공경하는 마음교육이 우선시되어야 한다는 교육철학을 갖고 있었다. 효도와 공경하는 마음의 중요성을 아는 아이라면 분명 훌륭한 어른으로 성장할 수 있을 것이라 믿었던 것이다.

중국 동한 때 아홉 살의 나이에 어머니를 잃고 아버지를 극진히 모셨던 황향(黃香)이란 효자가 살고 있었다. 그는 아홉 살이라는 어린 나이임에도 부모님을 섬기는 도리가 무엇인지를 알고 있었다. 추운 겨울날에는 아버지가 잠자리에 드시기 전에 자신의 체온으로 이부자리를 따뜻하게 하여 편안히 주무실 수 있도록 했고, 무더운 여름날에는 모기를 쫓고 잠자리를 시원하게 하고 편안히 주무실 수 있도록 부채질했다. 이러한 사실이 널리 알려져 황제는 황향을 두고 "천하에 둘도 없는 강하의 황씨 성을 가진 아이"라고 칭찬하였다. 그리하여 예로부터 전하는 중국의 24명 효자 가운데 첫 번째 효 이야기가 바로 황향의 이야기다.

융사세(融四歲) 능양리(能讓梨) 제어장(弟於長) 의선지(宜先知)
공융은 네 살 때 (형에게) 배를 양보할 줄 알았다. 윗사람을 공경하는 것은 마땅히 우선적으로 알아야 한다.

중국 후한 말기 공자의 20대 손인 문학가 공융은 일곱 형제 중 여섯째였다. 어린 시절 공융은 이웃집에서 한 광주리의 배를 보내왔을 때 형들이 큰 배를 집어갈 때까지 가만히 보고 있다가 마지막에 작은 배 하나를 가져갔다고 한다. 형들에게 큰 배를 가져가도록 양보했던 공융은 형제간의 우애와 의리를 어릴 때부터 이미 터득한 것이다.

이와 같이《삼자경》은 세 글자가 하나의 구를 이루어 간결한 형식으로 구성되어 이해하기 쉽고, 인성이야기, 사물이야기, 경전이야기, 역사이야기, 교훈이야기 등 많은 가르침이 담겨 있어 매우 교훈적이다.

《삼자경》은 마지막에 다음과 같은 명구로 마무리하고 있다.

"사람들은 자식에게 남기길 금이 상자에 가득하게 하지만 나는 자식을 가르칠 오직 하나의 경이 있다. 부지런하면 성공을 하게 되고 놀기만 하면 유익함이 없으니 이를 경계하여 힘쓰고 노력해야 한다."

조선의 밥상머리 교육

500년 조선의 역사를 만든 위대한 교육

초 판 1쇄 발행 2018년 12월 31일
초 판 7쇄 발행 2024년 4월 22일

지은이 김미라
펴낸곳 보아스
펴낸이 이지연
등 록 2014년 11월 24일(No. 제2014-000064호)
주 소 서울시 양천구 목동중앙북로8라길 26, 301호(목동) (우편번호 07950)
전 화 02)2647-3262
팩 스 02)6398-3262
이메일 boasbook@naver.com
블로그 http://blog.naver.com/shumaker21
유튜브 보아스북 TV

ISBN   979-11-89347-01-7 (03370)

ⓒ 김미라 2018

이 도서의 국립중앙도서관 출판시도서목록(CIP)은 서지정보유통지원시스템 홈페이지
(http://seoji.nl.go.kr)와 국가자료공동목록시스템(http://www.nl.go.kr/kolisnet)에서
이용하실 수 있습니다. (CIP제어번호: CIP2018040046)